BTS
Au cœur des ARMY

Lee Jeeheng

BTS
Au cœur des ARMY

Traduit du coréen
par Kyungran Choi et Pierre Bisiou

Matin Calme

Merci à tous les ARMY qui ont participé au tirage au sort photo.
Vous aussi, partagez votre expérience ARMY :

btsaucoeurdesarmy.com

Conception et illustration de couverture : © Song-je Song
Adaptation : Barbario

Titre original : BTS와 아미 컬처 (*BTS and Army Culture*)

The Korean edition was originally published by
CommunicationBooks, Inc.
This French language edition was published by arrangement with
CommunicationBooks, Inc. through KL Management, Seoul Korea.

ISBN 978-2-491-29057-3

www.matincalme-editions.com

Aux ARMY
et à BTS, à la source de tout ceci

Préface
de BTS ARMY France

> « BTS ? *My happy pill !* Une dose de joie et de bonne humeur. »

BTS vous entraîne inexorablement dans son monde grâce à ses personnalités, son talent et son implication dans la création de sa musique. Les membres de BTS deviennent très rapidement cette dose de dopamine quotidienne qui rend votre journée plus belle ; un air de gaieté, une allégresse communicative. Se laisser entraîner dans le fandom pour les soutenir, les porter autant qu'ils nous soutiennent par leurs textes et leurs mélodies, est une expansion naturelle. Un remerciement.

À l'inverse de l'image stéréotypée que pourrait soutenir tout média prudhommesque, le fandom ARMY est loin d'être composé d'« adolescentes écervelées et hystériques » qui « s'évanouissent à la vision du moindre bout de peau de leurs idoles ». Fantasme érotique, hystérie sexuelle, ridiculiser les inclinaisons des femmes, en particulier des adolescentes, n'est que le produit d'une habitude millénaire. Pourtant, de nombreux centres d'intérêt ont dans un premier temps été plébiscités par les femmes, avant d'intéresser la gent masculine. Pourquoi les hommes et les adolescents n'ont-ils pas à subir le dénigrement de leurs passions dans l'espace médiatique ? Un fan de foot est-il autant méprisé par l'opinion publique ? Si le livre de Mme Lee Jeeheng explore en profondeur l'évolution de l'ARMY Culture, les combats et la ténacité du fandom, avec un regard particulièrement tourné vers l'Amérique et la Corée du Sud, la France a elle aussi connu son lot de déboires.

Être ARMY s'apparente à une formidable aventure multiculturelle. Beaucoup d'entre nous le sommes devenus par hasard, au détour d'une apparition télévisée, d'une suggestion sur YouTube ou sur une plateforme de streaming, de la mélodie entêtante d'une publicité Samsung. Comme la chute d'Alice dans le terrier du lapin blanc – au point que cette expression en elle-même est devenue l'une des plus utilisées pour décrire la découverte de BTS. Une chute libre sans fin. Vertigineuse. Assister en direct à cette chute est souvent un plaisir. Attendrissantes, les premières étapes de cette découverte nous arrachent un sourire. Le rôle des ARMY traducteurs est alors essentiel. Comprendre les différents contenus non traduits par le label, mais aussi communiquer entre nous, entre fans de différents pays ou de langues maternelles diverses. Notre fluidité sur les réseaux sociaux entraîne une porosité de nos sphères respectives ; des plaisanteries locales se propagent et finissent par créer un esprit de corps, naturellement.

Nous partageons les mêmes références, les mêmes plaisanteries parce que nous connaissons tous très bien BTS, grâce avant tout à sa musique, mais également à tous les contenus qu'il nous propose. *Run BTS !*, *Bangtan Bomb* ou encore *V Live* esquissent un quotidien qui pourrait être le nôtre. Nous n'y voyons pas des idoles inaccessibles mais sept jeunes gens comme tout le monde : ils ont peur, ils rigolent, ils ne se montrent pas toujours à leur avantage. « À 24 ans, j'ai l'impression d'être devenu un adulte plus vite que quiconque. Ma vie a été un film*. » De Séoul à Rio de Janeiro en passant par Paris, nous partageons leurs craintes et leurs espérances, leurs vies et leurs sentiments. « Mes amis prennent le métro, moi je suis en mode avion. Peut-être suis-je allé trop vite, je vois les traces de ce que j'ai raté. Pourquoi suis-je seul dans un espace-temps différent*[1] ? »

> « Parfois je me suis senti angoissé car mes amis allaient plus vite que moi. J'ai vite réalisé que leur allure n'était pas la mienne. Ce qui m'a permis de tenir dans ces moments-là, c'est la promesse faite à moi-même : "Vas-y doucement." J'irai à mon rythme, régulièrement. »
>
> *Jin, discours du Dear Class of 2020.*

BTS et ARMY, une tendre relation à double sens : ils s'occupent l'un de l'autre. Chanson ou discours, chacun conserve son petit mot de lumière, selon son histoire, ses

1. L'astérisque signale des extraits de chansons de BTS, librement traduits en français par le fandom ARMY.

espoirs. Qu'est-ce que BTS représente pour nous ? Le sentiment est indescriptible, une tendresse sans bornes. Un cocon musical, une note d'amour. Une pincée de rêve. Le jour où l'on « déteste être nous* », le quotidien se colore et les plus grandes peines y trouvent un début de réconfort. Un sourire apparaît alors sur nos lèvres, un peu de bonheur en boîte, le plus beau des cadeaux. Pur et sincère, sans explication. L'univers musical de BTS est comme une petite fabrique des miracles, ce *Magic Shop*, jardin secret de notre cœur, là où les mirages de l'esprit se cristallisent, comme l'éclosion merveilleuse d'une rose oubliée. « Toute la vérité, tout le temps restant, toutes tes réponses se trouvent dans cet endroit que tu as trouvé, dans ta galaxie, dans ton cœur*. » Telles sont les paroles de la chanson *Magic Shop*.

Cette « fabrique des miracles » inspirée du livre de James Doty, *Into The Magic Shop*, c'est aussi les ARMY aux bras tentaculaires s'imposant en promoteurs et promotrices de BTS : streaming parties, interviews avec les médias. Organisation d'événements caritatifs. Soutien du consommateur lorsque celui-ci est abusé. Réactifs. Efficaces. Une vraie conscience sociale et politique. Comme une grosse franchise qui aurait des magasins dans le monde entier, nous nous sommes organisés pour soutenir BTS et être actifs en tant que communauté. Lutter contre des forces de l'industrie musicale et médiatique qui dépassaient de loin les capacités du fandom. La franchise *Magic Shop* aux doigts de fée.

« Mon cœur ne bat plus quand j'écoute de la musique, serait-ce ma première mort ? Ça me tue. »

Mort artistique redoutée, *Black Swan* pose une ombre sur les craintes de tout artiste. Sensibilité à fleur de « plume », « ivre d'art* » et touche-à-tout, ou bien simples marionnettes, jolies poupées plastifiées, inoffensives et éloignées de tout processus créatif ? L'idée semble dérisoire, pour peu que l'on s'intéresse à leurs productions. Leurs mots, bruts, s'étirent en mélodies entêtantes, nés d'inspirations personnelles. Qu'est-ce que l'art ? Un souffle éphémère, une projection de l'esprit, inspirante. Salvatrice ? Une vision des sens, l'exacerbation d'intuitions profondes. L'album *Map of the Soul : 7* est intimement personnel. Et infiniment troublant.

> « On croirait assister à l'un de ces tournants décisifs [*N.d.T* : à propos du travail et de l'influence de BTS]. Dans le monde de l'art, beaucoup ont perdu confiance en la capacité de l'art à changer le monde. De ce fait, c'est assez magique, de parvenir à revigorer la chose, de cette façon. […]
> L'idée que l'on puisse mobiliser des millions de personnes pour étudier la question de leur propre santé mentale, c'est quelque chose que l'art essaie de faire depuis longtemps ; avoir un impact social, pour ouvrir des possibilités incroyables. Il y a de nombreuses choses intégrées aux discours artistiques qui sont uniquement exposées à un groupe réduit de personnes, mais qui pourraient être véritablement révolutionnaires. »

Ben Vickers, commissaire d'exposition aux Serpentine Galleries de Londres, collaborateur pour « CONNECT, BTS » (interview pour NME).

L'exposition « CONNECT, BTS » a été l'un des événements majeurs illustrant l'implication du groupe dans la médiation artistique en 2020 et, de fait, dans la visibilité de dialogues minoritaires. Conçue dans le cadre de la période pré-promotionnelle de l'album *Map of the Soul : 7*, « CONNECT, BTS » intriguait. Mécène, le groupe initie et couvre le financement intégral de l'événement ; surtout, son intégration au sein de l'un des albums majeurs de la carrière de BTS offre à cette exposition une fantastique visibilité. Le simple nom de BTS accolé à quelque projet que ce soit suffit à enflammer les internautes ; l'association à un projet créatif du groupe est une onde de choc. Un renouveau artistique, un souffle culturel. Ce à quoi aspire tout artiste : transmettre.

L'exposition fascine. Incroyablement virtuelle. En une fraction de seconde, Twitter se déchaîne. Plus de 500 000 likes. « CONNECT, BTS » suscite l'affection, curieuse, d'une formidable communauté, pour une part non coutumière des charmes de l'art contemporain. Percer ces bulles informationnelles troublantes, ces illusions algorithmiques qui nous donnent le sentiment persistant de connaître le monde et ses débats, c'est le propre de BTS. Et des ARMY. Encouragée par une souche familière de l'art, la sensibilisation se précise. Ce n'est pas seulement la bulle ARMY, mais une multitude de microbulles sociétales, d'univers différents, qui sont atteintes. Composé d'un large spectre d'auditeurs issus de diverses sphères sociales, le public ARMY est probablement parmi les plus diversifiés de notre décennie. Riche d'expertises dans toutes sortes de domaines, le mot « différent » est constitutif du fandom.

« Nous étions seulement sept, mais nous vous avons maintenant*, *we are not seven, with you.* »

Dans ce second monde virtuel aux milliers d'interconnexions, et pourtant si isolé, la communauté ARMY de la sphère Twitter semble reproduire l'utopie d'une société harmonieuse, d'un internet collectif et non fragmenté. Une mélodie de sept personnes devenue une harmonie de millions*, un « mikrokosmos » de « 7 milliards d'étoiles » illuminant « 7 milliards d'univers* », similaire à l'organisation rhizomatique évoquée par le Dr Lee Ji-young, autrice de *BTS, Art Revolution* et membre de la *Rhizomatic Revolution Review*.

Bannière ARMY France pour le concert de BTS au Stade de France en 2019.

L'expression tangible d'une intelligence collective, basée sur l'entraide et l'enrichissement mutuel.

L'année 2020, c'est aussi #BlackLivesMatter. BTS a montré la voie de l'engagement pour un monde meilleur. Les ARMY transcendent leur statut de fandom en réel mouvement social : le fandom, et non plus l'artiste, se fait lui-même médiateur et éducateur de ses pairs. Les ARMY donnent au fandom une autre dimension que « Fan de », une force sociale qui, autour d'une même passion, trouve force et courage pour porter des valeurs qui lui sont propres.

Souvent subtilement piquant envers le système politique dans ses chansons (*Am I Wrong*, 2016 ; *Intro : Persona*, 2019), si son engagement n'est pas un mystère, BTS prend rarement position de manière évidente et officielle. Cependant, quelques jours après la mort de George Floyd, le 3 juin 2020, BTS, ambassadeur de l'Unicef depuis 2018, se positionne sur l'échiquier par un tweet engagé, en écho aux voix de ses fans, déjà massivement mobilisés sur Twitter. Lorsque BTS fait un don de 1 million de dollars au mouvement Black Lives Matter, les ARMY suivent et doublent le don en moins de 24 heures.

« *We stand against racial discrimination.*
We condemn violence.
You, I and we all have the right to be respected. We will stand together. »

« Nous nous opposons à la discrimination raciale.
Nous condamnons la violence.

Vous et nous avons le droit d'être respectés. Nous allons nous battre. »

Artistes, médiateurs, influenceurs mondiaux. Et pourtant. L'intégration de BTS en France est jalonnée d'une broussaille de préjugés, dont les bras épineux rampent avec persistance sur l'industrie musicale nationale. Si 2017 et 2018 ont constitué une période troublée, les années 2019 et 2020 initient un mouvement favorable. Le réveil est tardif, un peu précipité – le Stade de France en a sorti beaucoup d'une torpeur aveugle – mais pas déplaisant, pour quelques-uns du moins. Pour d'autres, il semble manifestement qu'ils se soient levés du mauvais pied.

La France, d'abord silencieuse lors des réussites américaines retentissantes de BTS en 2017, pour lesquelles la presse internationale s'est emballée, se fait rapidement moqueuse quand la présumée ignorance n'est plus permise : un groupe qui joue à guichets fermés à Bercy et au Stade de France, difficile de fermer plus longtemps les yeux. Souci d'ego ? Impression d'avoir raté le scoop des deux dernières années ? L'écart est saisissant entre la qualité de la couverture américaine, approfondie et régulière, et nos plumes françaises. « Coupe au bol », « éphèbes maquillés », « traits féminins » nourrissent une perpétuelle consécration d'une culture qui critique la différence. Une curiosité, sans profondeur ni validité artistique, qui donne matière à rire. Expressions éculées, usées et rabâchées à outrance bourdonnent dans nos oreilles, rumeurs agaçantes d'une écriture indolente. Dans ces « chorégraphies millimétrées », « savamment orchestrées », quid du mot « artiste » ? Aux oubliettes ! L'absence remarquée d'interviews du groupe ou d'invitations sur des plateaux télévisés en France, quand le Royaume-Uni joue les bons élèves, est à ce titre tristement exemplaire.

2019 est encore balbutiant, mais 2020 fait bonne figure. De nombreux papiers émergent, plus d'une dizaine dans *Le Monde* contre seulement deux en 2018, aux angles souvent plus innovants : les innombrables records tant sur le territoire américain que français, l'entrée en Bourse de Big Hit Entertainment (renommé HYBE Corporation en mars 2021), label du groupe, la nomination aux Grammy Awards et le succès planétaire de *Dynamite*, entre autres, forcent un nouvel intérêt. La fin 2020 voit l'omniprésence de BTS sur les radios francophones. *Dynamite* habille régulièrement les ondes de NRJ avec neuf passages par jour ; les papiers autour de BTS se multiplient, à l'antenne de France Culture et tant d'autres. Petit à petit, la stratégie d'achat valorisant la présence du public français, à l'image de la « stratégie des classements » de la communauté américaine, fait son chemin. Il n'est plus étonnant de croiser, au détour d'une émission télévisée française quelconque ou d'une virée shopping, un titre de BTS en fond sonore. Si les mots ne sont pas encore les plus appropriés, l'intérêt du grand public français est piqué durablement.

Que faire quand on vous rit au nez ? Ne pas baisser les bras. Préparation de communiqués de presse, statistiques, campagnes de contact massif des radios françaises, souvent sourdes à nos demandes, BTS ARMY

France a lancé de nombreuses initiatives. Études et élaboration de stratégies de communication pour espérer un passage radiophonique envahissent notre quotidien.

L'expérience est enivrante, un cocktail d'émotions fortes. Stressante, épuisante mais si fabuleusement satisfaisante. L'arôme des fleurs déposées dans les radios diffusant BTS nous étreint encore le cœur, tout comme le souvenir des remerciements chaleureux sur Twitter. Le sourire des ARMY au concert de leurs idoles nous fait oublier toutes nos mésaventures. Nuits blanches et coordination avec la sécurité, suivi des fans, gestion de projets divers et communication avec les salles, les concerts de BTS sont éprouvants, inattendus, souvent ponctués de rencontres fortuites.

15 h 30, Bercy. Les portes de la salle sont sur le point de s'ouvrir, l'excitation gagne la foule, bruissante, mouvante, gigantesque. Nous, un carton rempli de flyers dans les mains, l'œil hagard. La tâche paraît démesurée et le concert, imminent, semble nous filer entre les doigts. La fatigue accumulée de trois jours presque sans sommeil affolait nos sens. « Les fans de BTS, c'est quelque chose, je ne m'y attendais pas ! » Jeans, manteau bleu marine, un homme, l'air de rien. Quelques mots et plaisanteries échangés. Une bouffée d'air. Oui, les fans de BTS, c'est quelque chose. « Vous accompagnez votre enfant ? » Question innocente. « Non, je suis Nicolas Dupeux, le directeur général de l'AccorHotels Arena. »

D'année en année, le carnet d'adresses de BTS ARMY France se développe et s'étoffe. Des questions épineuses de labels et distributeurs, aux quotas de radio limitant les productions étrangères, la possibilité de s'imposer de manière concrète sur la scène musicale française nous semblait décourageante face à la rigidité des réglementations. La France est bien différente des États-Unis : sans distributeur, aucun album acheté en France (alors estampillé « import ») ne peut être comptabilisé dans les ventes physiques du SNEP[1]. Sans label, le passage radio est illusoire. Comment exister alors que la demande est comptée comme nulle ? Comment briller alors que notre voix est étouffée ? Comme une désagréable impression d'être relégués au fond du placard. D'une rencontre hasardeuse à la Fnac des Halles germe l'idée d'une sensibilisation des acteurs de la distribution française. BTS est « inconnu » ? Montrons son existence ! Études de marché, sondages, le rythme est effréné. Atteindre coûte que coûte la direction, avec le soutien indéfectible de Lucien, vendeur convaincu de l'intérêt de BTS.

Mai 2018, place de la Canopée, Châtelet. La brasserie Champeaux est témoin des balbutiements de BTS en France. Ce jour-là, face aux acheteurs import disques, vidéos et produits dérivés de la Fnac et de Bertus, nous sommes agréablement surpris. L'industrie coréenne est alors aux antipodes des concepts américains ou européens. Tout est à apprendre. Nouveau. L'échange est animé, nos interlocuteurs curieux, intéressés. Les chiffres sont là : BTS est au top des classements américains et donc au cœur d'une tempête médiatique. La demande française est plus pressante

1. Syndicat national de l'édition phonographique.

que jamais. Le projet BTS est lancé et nos cœurs sont gonflés de bonheur. L'idée est irréelle. Petit à petit, une étroite confiance professionnelle se noue entre la chaîne de magasins culturels et BTS ARMY France.

2018 signe également l'arrivée de Sony Music en tant que distributeur européen, nous permettant d'entrer véritablement en action auprès de divers acteurs de l'industrie musicale française. Passages radio et télévisés, éligibilité aux classements français, l'avenir semble rayonnant. La nouvelle nous ravit, les prix nous affligent. La multinationale devenue distributeur exclusif en France impose une hausse de 40 % du prix sur lequel nous nous étions initialement entendus avec les boutiques. Sous le poids des demandes chapeautées par BTS ARMY France, tant internes que publiques, le distributeur cède en partie et consent une « simple hausse » de 20 %. *Persona* était notre premier combat. Depuis, chaque sortie musicale estampillée « BTS » est une nouvelle bataille. Sans fin, comme une ritournelle enfantine, le mastodonte de l'industrie du disque pose les règles d'un jeu de balançoire dont les perpétuelles oscillations fendillent l'image naïve d'une promotion respectueuse. *Map of the Soul : Persona*, *Map of the Soul : 7*, *BE Deluxe*, *BE Essential*… La désillusion est amère. L'espoir, fauché en plein vol. La promotion en tant que label européen est inexistante et seuls les fans, lobby improvisé, restent en première ligne des négociations. Aujourd'hui encore le distributeur fait la sourde oreille, alors qu'un boycott d'une envergure inédite agite la sphère française face au prix controversé de l'album *BE Essential*. #BoycottSonyMusic,

#SonyAjustezLesPrix, les précommandes de BTS n'ont jamais été aussi basses pour la France depuis la sortie de *Map of the Soul : Persona*. Une première. Propulsé par notre seule force promotionnelle, le groupe côtoie régulièrement le top des classements musicaux.

De telles entreprises ne sont pas possibles sans la participation active de la communauté française dans son ensemble. BTS ARMY France, c'est « le sang de la veine ». 38 fans qui agissent ensemble, bénévolement, pour suggérer une ligne de conduite. De simples guides, à l'image d'un phare balayant les eaux troubles des réseaux sociaux. Promouvoir, informer, sensibiliser aux divers enjeux de l'industrie musicale dans lesquels BTS est engagé. Transmettre un savoir et, par cette connaissance, par cette prise de conscience du monde musical et social, motiver l'implication de chacun. Prendre conscience de l'importance des chiffres et des classements dans l'industrie musicale, des charts, du SNEP, des distributeurs français. Acheter, mais aussi écouter intelligemment, sur les bonnes plateformes, avec les bons outils. Les albums *Map of the Soul : Persona*, *Map of the Soul : 7* et *BE* ont décroché en quelques semaines des records qui nous enthousiasment et forcent progressivement l'intérêt de notre paysage médiatique national. Triple disque d'or, près d'un an de longévité au Top Albums pour *Map of the Soul : 7*, plus de 23 000 ventes dès la première semaine : le résultat de longues années d'efforts pour ouvrir BTS aux règles du marché français.

Le 21 février 2020, la sortie de *Map of the Soul : 7*, exposé sur de beaux étalages, a le goût de la victoire.

Notre boutique fétiche a dédié un rayon entier à cet opus. Souriant, les vendeurs se préparent à accueillir les fans massés à l'entrée du magasin, attendant l'ouverture avec empressement. Les étagères sont dévalisées. Plus loin, Lucien, notre soutien de toujours, dispose quelques albums *Persona*. L'embrassade est immédiate, poignante. La consécration de quatre années d'efforts.

Travaillons-nous donc indirectement et bénévolement pour Big Hit ? Peut-être bien. Être fan, ce n'est pas juste hurler sa joie et ses encouragements lors d'un concert. Être administrateur de BTS ARMY France, ce n'est pas juste reposter un message traduit. Que sommes-nous ? Une sorte de label, peut-être. Une franchise improvisée, souvent, quand la promotion officielle étrangère se joue en filigrane. Les actions des ARMY sont telles qu'il serait impossible de toutes les répertorier dans cette préface. Pourquoi une telle implication ? « Ne dit-on point d'une chose qui fait plaisir, qu'elle en vaut la peine ? » Avoir la chance de pouvoir vivre une pareille expérience vaut tout l'or du monde. Une opportunité incroyable. Le plaisir de décrocher le sourire ne serait-ce que d'une personne. La fierté. L'amour. Une telle finalité n'est-elle pas assez honorable ? Jamais nous n'aurions imaginé monter une association avec plus de 80 000 abonnés Twitter. Pourtant, aujourd'hui, BTS ARMY France semble une aventure infinie.

Ce livre, et cette préface, sont pour nous l'occasion de parler de BTS, et de leur fibre artistique. Leur curiosité culturelle est intense et diverse ; de nombreuses références littéraires émaillent leurs compositions, quand elles n'inspirent pas un album entier.

Demian, de Hermann Hesse, est l'essence même de l'album *Wings* (2016) ; *Map of the Soul* (2020) s'inspire des travaux de Carl Jung et de la « cartographie de l'âme » de Murray Stein ; littérature et musique sont intimement enlacées. Au-delà de la musique, livres et libraires sont aujourd'hui passeurs de cette chaîne, si unique, qui relie BTS à ses fans.

Aux heures solitaires, au cœur « des nuits les plus sombres[1] », une petite lueur vacille, tremblante. Mais tenace. Ambitieuse. Peu à peu, une rumeur étincelante, palpitante, grandissante. Une harmonie de cœur. La musique de BTS, c'est un bonheur qui se partage, avec eux, avec les ARMY, à la lueur de ces « 7 milliards d'étoiles[2] » brillant de mille feux. C'est le catalyseur d'un enthousiasme débordant ; de cette joie, immense, de partager quelque chose qui nous rend heureux et qui nous est cher : *BTS, au cœur des ARMY* sera disponible dans toutes les librairies, et nous espérons que, par ce biais, un tout autre public pourra être touché. Un livre ouvert aux curieux de tous horizons, égrenant le cœur et les mystères de cet univers si particulier.

Une partition éternelle[3].

BTS ARMY France, mars 2021

1. Référence aux paroles de *Mikrokosmos*.
2. Référence aux paroles de *Mikrokosmos* et au chiffre 7, symbolique pour BTS.
3. Référence aux paroles de *WAB : The Eternal* et à la bannière de ARMY France sur la thématique de *Mikrokosmos* pour les concerts au Stade de France.

Préface de l'autrice

> « Quand ils n'ont plus pu rêver de la révolution, les gens sont retournés à leur quotidien. »

Dans le passé, quand régnaient en Corée la dictature, le despotisme antidémocratique et les conflits idéologiques, les certitudes formaient un élément vital. Cette « communauté de certitudes » procurait aux gens un sentiment d'appartenance et une vision du monde. Après la guerre froide et les révolutions, la vie globalisée s'est installée. Maintenant que la porte des enfers du néocapitalisme s'est ouverte, avec ses compétitions sans fin et son « chacun pour soi », je me demande si ce n'est pas le *goût* qui a remplacé les certitudes des générations passées. Les catégories tranchées, le tout blanc ou tout noir, ont cessé d'exister. Les « communautés de goût » ont pris la place laissée vacante par les certitudes enfuies. Non sans la présence envahissante du capitalisme et du consumérisme, la « communauté du goût » englobe de nombreux aspects de la vie quotidienne de nos sociétés dites modernes, telles la mise en réseau, la communication, jusqu'à la consommation.

Le pouvoir d'une communauté unie par un même goût dépasse la vie quotidienne. Sans même parler des entreprises comme Apple ou Xiaomi, qui profitent des effets de marque et sont portées par leurs consommateurs, le phénomène de « fandomisation » touche même le domaine de la politique. À son époque, la popularité du président Kennedy était indéniable et rivalisait avec n'importe quel fandom mondial. En Corée, les partisans inconditionnels du président Moon Jae-in, appelés « Ini fandom », consomment tout de lui, y compris des petits souvenirs et des photographies, et soutiennent chacune de ses actions. Déterminer si la culture du fandom, avec ses aspects aveugles et exclusifs, peut s'étendre au domaine politique demanderait une analyse plus profonde. Mais l'émergence d'une telle culture dans le champ politique, cette forme concentrée de loyauté parmi d'autres communautés de goût, est une illustration puissante de notre société actuelle, postmoderne et décentralisée, où s'interpénètrent les domaines public et privé.

Premier au palmarès du Billboard 200, stades remplis pour ses concerts dans le monde entier, discours à l'assemblée générale des Nations Unies, couverture de *Time*, décoration de la médaille culturelle, nominations aux Grammy Music Awards, et ainsi de suite : chaque action du groupe BTS est immanquablement accompagnée du qualificatif « numéro 1 en Corée ». En d'autres termes, nous assistons en temps réel au moment où tous les pas effectués, toutes les marches gravies par BTS deviennent l'histoire même de la musique populaire coréenne. Les médias du monde entier l'ont constamment souligné : l'un des moteurs essentiels de cette réussite était leur fandom : A.R.M.Y., Adorable Representative MC for Youth. Le fandom ARMY consomme la musique et les contenus de BTS mais les incarne aussi, et les fait connaître avec enthousiasme. Sa puissante cohésion à travers le monde résulte de ce que cette communauté de goût partage une passion, on pourrait dire une certitude, pour son objet d'adoration.

Les ARMY forment une communauté de goût et BTS est leur dénominateur commun. Parmi de telles communautés, le fandom ARMY est le plus ardent. L'idée de départ de ce livre était d'examiner ce fandom particulier, les ARMY, sous l'angle des études culturelles – mon domaine. Dans une perspective plus personnelle, le plus important était de savoir quel point de vue adopter. La recherche utilise un langage de stricte logique, alors que la critique se sert d'un langage interprétatif plus chaleureux. Selon les termes de Terry Eagleton, il s'agit là d'« une délicatesse à l'égard de l'épaisseur et de la complexité de l'objet ». Si la recherche académique procède avec objectivité et en s'appuyant sur des théories éprouvées, ce livre peut être compris comme un ouvrage critique pour les lecteurs du grand public, écrit par une « Aca-fan » (académique et fan) qui laisse scintiller son affection ici et là. *BTS, au cœur des ARMY* essaie de donner une vision globale de la façon dont les ARMY – sorte de communauté imaginaire de fans épris de BTS – ont créé une distance cognitive vis-à-vis de la culture K-pop standard et comment, par leur activité de fans, ils ont consolidé le statut de BTS dans le courant majeur de la musique populaire. Pour y parvenir, je propose une analyse des réseaux sociaux et des communautés de fans sur internet, ces canaux étant le principal champ d'activité public des membres de BTS. J'observerai la manière dont les ARMY créent l'identité culturelle de BTS en échangeant et en négociant avec les mass media traditionnels, véritables détenteurs du pouvoir culturel. Ce livre aborde ces aspects généraux et, plutôt qu'un ouvrage de critique théorique, il se veut un document d'archives saisissant, à travers des exemples concrets, le dynamisme des ARMY dans le paysage culturel contemporain. Pour les ARMY, j'espère que ce livre aura valeur de documentation sur leur œuvre. Pour ceux qui sont curieux de les connaître, j'espère que ce livre sera comme « une anatomie grandeur nature des ARMY ».

Par ailleurs, j'ai aussi pris conscience que nous avions besoin d'un discours critique sur les fandoms, car le discours critique détermine notre perception de certains objets, notre jugement de valeur sur eux, et influence notre comportement. Entourés de préjugés, les fandoms sont souvent considérés comme des troupes de fans féminines prêtes à défendre leur idole masculine ou comme des hordes sectaires de jeunes filles écervelées. Alors que l'histoire des fandoms a plus de vingt ans, que la culture fandom a connu certaines transformations et acquis une certaine maturité, les préjugés à leur encontre demeurent vivaces et proviennent largement d'un regard figé de la société sur les femmes, les adolescentes et la culture de consommation. J'espère vivement qu'à travers cette observation attentive, ce livre sera l'occasion de remettre en cause les étiquettes hâtivement données et d'inviter à de nouvelles critiques et appréciations, approfondies et réfléchies.

Enfin, aux ARMY qui ont volontiers accepté une Aca-fan comme membre de leur onde passionnée et dynamique, je voudrais exprimer toute ma gratitude en empruntant une parole au spécialiste des médias Henry Jenkins : « L'essentiel de ce que j'ai écrit sur le fandom, je l'ai appris dans le fandom. »

Lee Jeeheng

Concert de BTS « Love Yourself : Speak Yourself », le 1er juin 2019 au stade de Wembley à Londres. Des ARMY brandissent joyeusement leurs ARMY Bombs (© Won Ji-yeon).

Concert « BTS 5th Muster Magicshop », le 16 juin 2019 à Busan (Corée). Les membres de BTS saluent les ARMY de la main (© Won Ji-yeon).

La salle avant le concert de BTS « Love Yourself : Speak Yourself », le 1er juin 2019 au stade de Wembley à Londres (© Won Ji-yeon).

L'entrée du stade de Wembley, à Londres, où s'est tenu le concert de BTS « Love Yourself : Speak Yourself », lors de sa tournée mondiale en 2019 (© Won Ji-yeon).

1

Aux marges de la K-pop

2013, c'est l'année où des stars coréennes mélangeant électro-pop et performance scéniques dominent le marché de la variété en Corée, l'année où la K-pop, surfant sur le succès des K-dramas à l'étranger, prend à son tour la vague coréenne, mais c'est aussi l'année où un groupe au nom étrange, et, entre nous, assez maladroit, les Bangtan Sonyeondan, fait ses débuts.

Bangtan Sonyeondan pourrait se traduire approximativement par « boy-scouts pare-balles » ; quoi qu'il en soit, le groupe se désigne par son acronyme : BTS.

BTS a été lancé par Big Hit Entertainment, petite maison de production fraîchement arrivée sur un marché de la variété coréenne jusqu'alors monopolisé par trois majors : SM, YG et JYP.

Les Bangtan Sonyeondan revendiquaient alors une identité hip-hop. Suga et RM, deux membres de BTS, rappaient déjà dans le milieu underground ; ce passage à la K-pop leur a valu, à leurs débuts, une avalanche de critiques. Ils ont été étiquetés « traîtres » à la cause hip-hop, ayant vendu leur âme pour le monde des *idols*. Ce n'est pas tout. Les fans d'idoles agissent généralement au sein de groupes appelés *fandoms*, lesquels sont souvent pilotés par les majors qui produisent les groupes. Ces fandoms se sont mis à montrer du doigt BTS et diverses moqueries ont circulé, telles que « M. Bang-Bang Si-hyuk, fondateur de Big Hit, lance des scouts » ou « *Petitdols* moches qui ne donnent pas envie de geeker », etc.

Dans ce contexte de double hostilité – de la part du milieu hip-hop et de la part des fandoms –, l'avenir du groupe ne paraissait rien moins qu'incertain. En ne partant pas sur les bases classiques de la K-pop, BTS a commencé son histoire quelque part entre deux frontières, sur un mince territoire qu'un simple coup de chiffon aurait pu effacer à tout moment.

Chanteurs et fandoms : nouveaux enjeux politiques

Exemple 1

Un jour de septembre 2018, journal télévisé de la chaîne JTBC. Au cours d'un débat sur l'exemption du service militaire[1] dont bénéficient quelques rares sportifs ou artistes, le présentateur a rapporté la réaction atypique du fandom d'un groupe qui s'est retrouvé malgré lui au centre de la polémique.

« S'ils doivent effectuer leur service militaire, qu'ils y aillent. Nous les attendrons. »

1. En Corée du Sud, le service militaire est obligatoire et dure entre un et deux ans. *(N.d.T.)*

Telle a été la réaction affichée par les ARMY[1], le fandom de BTS, sur la question de l'exemption ou non du service militaire pour ses sept artistes préférés. En effet, un politicien, critiquant le fait que les joueurs de l'équipe nationale de football, médaille d'or aux Jeux asiatiques, aient bénéficié d'une exemption de service militaire, avait soutenu qu'il serait plus juste d'appliquer cette loi aux BTS qui venaient d'être invités à prononcer un discours devant les Nations Unies, contribuant ainsi à élever l'image de la Corée dans le monde. Enfonçant le clou, les ARMY avaient alors publié un communiqué de presse pour déclarer : « Il ne faut pas se servir des BTS, sans leur accord, comme d'un outil dans des querelles politiciennes. » Peu après, l'homme qui avait préparé son projet de loi en empruntant le nom des BTS présentait ses excuses aux ARMY.

Exemple 2

Mai 2018. Un nouveau hashtag a fait son apparition sur Twitter sous la forme d'une très étrange compilation de mots qui ne semblaient pas faits pour aller ensemble :

#StreamFakeLoveToEndTrump'sAmerica

« Si vous voulez en finir avec l'Amérique de Trump, écoutez en streaming la chanson *Fake Love* de BTS. »

---

1. ARMY : acronyme pour Adorable Representative MC for Youth. Nom donné par le groupe BTS à son collège de fans, à son fandom. *(N.d.T.)*

D'abord incrédules, puis, bingo, saisissant l'intention, les twittos ont applaudi. L'explication était simple : le nouvel album de BTS, *Love Yourself 轉 'Tear'*, venait de sortir. Or, depuis plusieurs semaines, le classement d'albums de *Billboard*[1] était dominé par Post Malone, rappeur étasunien blanc. Ceux qui retrouvaient dans les textes de Post Malone les valeurs cyniques portées par Trump, ceux qui réprouvaient son défaitisme, sa mélancolie impuissante et sa mise en avant de la drogue, ainsi que les fans afro-américains, enfin, qui éprouvaient une vive répulsion pour ce rappeur blanc s'appropriant une musique née de l'âme des Noirs américains, se sont tous retrouvés derrière ce hashtag. Et estimant que les BTS étaient les mieux placés pour pousser Post Malone hors du classement, ils se sont mis à écouter en streaming et en boucle le disque de ce groupe coréen.

Ces deux exemples illustrent le fait que les BTS et les ARMY, sans même s'en rendre compte ni encore moins chercher à le provoquer, sont devenus un levier dans des débats politiques et de société, sur le plan national comme international. Ils sont devenus si célèbres, si importants, que leur image constitue un enjeu non seulement dans le cadre de leur musique mais aussi au-delà, au sein de confrontations d'idées ou de querelles politiques.

1. *Billboard* : hebdomadaire étasunien dont les classements font référence pour toute l'industrie musicale, notamment le Billboard Hot 100, pour les 100 meilleures ventes de titres, et le Billboard Hot 200, pour les 100 meilleures ventes d'albums. *(N.d.T.)*

Les ARMY, en tant que fandom de BTS, ont ainsi été confrontés à un certain nombre de polémiques, souvent tendues, avec l'extrême droite japonaise par exemple, et ont dû se battre pour défendre leurs idoles. Certes, ce n'était pas la première fois qu'un fandom était amené à prendre position dans le domaine politique, mais les exemples cités plus haut sont tout de même exceptionnels compte tenu de l'importance des débats auxquels ils ont donné lieu.

Que s'est-il passé pour qu'un groupe d'idoles, de surcroît un groupe coréen, pays habituellement très éloigné de la grande industrie du disque, soit utilisé et mis en avant comme symbole dans des débats politiques majeurs de leur pays et à l'étranger ? Quelle place occupent-ils dans la topographie culturelle de notre époque où la politique, l'économie et la société sont de plus en plus intriquées ? Le groupe BTS n'est pas seul au cœur de ce phénomène, il l'est en compagnie de son fandom, les ARMY. Au point que le président coréen, écrivant aux BTS pour les féliciter de ce que leur album avait conquis la première place du Billboard, a précisé dans son message : « Je tiens à féliciter également les ARMY d'avoir réalisé ce rêve. » Certains aujourd'hui disent que BTS n'aurait jamais réussi sans les ARMY, d'autres affirment qu'un tel fandom n'a pu exister que grâce à la personnalité du groupe. Écoutons les membres des BTS sur ce sujet. En 2019, lors d'une conférence de presse organisée pour la sortie de *Map of the Soul :*

Persona, au journaliste qui lui demandait quelle était la particularité des BTS, Suga répondait : « Je pense que notre particularité, c'est d'avoir rencontré des fans aussi particuliers. » Jimin à son tour a décrit les liens entre le groupe et ses fans comme un grand rapport de confiance, une sorte d'harmonie où chacun apporte à l'autre une influence positive. Bien entendu, pour le chanteur comme pour le fan, l'autre est unique et gratifiant. Ceci dit, aucun groupe ni aucun fandom n'ont ensemble fait l'actualité autant que BTS et les ARMY. Et pour comprendre ce qu'il en est aujourd'hui, il faut d'abord revenir à la genèse de tout cela.

Sortir d'un chemin semé de ronces

> « Vraiment, les BTS ont surmonté de rudes épreuves. Et les ARMY aussi. Si seulement je pouvais remonter le temps pour souffler aux ARMY, qui s'apprêtent à tout abandonner tellement c'est dur, qu'un jour BTS montera sur la scène du Billboard. »
>
> *Commentaire d'un membre de la communauté des fans en 2018, après l'annonce que BTS monterait sur scène comme performer pour la cérémonie de remise des prix.*

Dans *Love Yourself 轉 'Tear'*, le troisième album de BTS sorti en mai 2018, figure un morceau intitulé *134340*. Cette chanson exprime une profonde tristesse, mise en regard avec celle de la planète Pluton qui a perdu en 2006 son statut de neuvième planète du système solaire pour devenir une planète mineure :

Je n'ai plus de nom.
J'étais ton étoile moi aussi.
Tu as de la chance d'être la lumière.
Je n'ai fait que recevoir ta lumière.

Au contraire d'une planète Pluton déchue de son rang prestigieux d'astre, BTS s'est élevé au firmament des étoiles. Mais avant de gagner cette place, le groupe a dû passer un temps considérable dans les marges les plus retirées du cosmos.

Nous pensions trouver la mer, mais c'était un désert,
Ils nous surnommaient les petitdols *sans intérêt.*
Impossible de compter les rebuffades d'émissions,
Être remplaçants était déjà un rêve pour nous.
Certains disent que jamais nous ne décollerons, sortant d'une petite agence.
I know, I know, *je sais moi aussi.*
Le temps où nous dormions à sept dans la même chambre,
L'espoir avant de s'endormir que demain sera un autre jour.
Tous ces mirages dont nous apercevions la silhouette sans pouvoir la saisir.
J'espère que nous allons survivre dans ce désert sans fin.

Bada (« La mer »),
titre caché dans *Love Yourself 承 'Her'*

Des paroles qui décrivent l'angoisse de cette époque où les membres partageaient un quotidien de difficultés et de doutes sont également présentes dans la chanson *Déménagement*.

Toutes les bonnes choses étaient pour les autres.
Nos voix étaient enrouées par les soucis de notre avenir incertain.
Nos gorges serrées quand nous regardions les autres recevoir les prix de fin d'année.
Ces souvenirs pathétiques, ne les oublions pas, rangeons-les soigneusement.

Isa (« Déménagement »), dans *HwaYangYeonHwa* (« Le plus bel instant de la vie ») *Pt. 1*

Alors que les groupes d'idoles issus des grandes agences continuaient de se produire dans de multiples émissions à la télévision pour se faire toujours plus connaître et élargir leur fandom, BTS, qui ne bénéficiait quasiment jamais de ce genre de plateau, a pris le parti d'exposer la vie du groupe au quotidien, hors de la scène, pour combler ce vide. Dans *Bangtan Log*, sorte de journal intime en ligne, au lieu de la joie et de l'allégresse qui s'affichent habituellement sur l'écran, étaient montrés les moments de doute ainsi que les nouvelles résolutions. Autant de moments qui créaient leur propre récit, couche après couche, partagés sur la toile en guise d'alternative aux télévisions qui les ignoraient.

Même s'ils ont débuté dans des conditions peu favorables, ils possédaient déjà des chorégraphies très marquantes, les textes de leurs chansons se plantaient droit dans les oreilles, leurs instants de vie étaient déversés par flots sur les réseaux ; bref, l'ensemble fonctionnait comme autant d'hameçons jetés dans l'espace virtuel qui accrochaient les fans les uns après les autres. La première fois, la personne cliquait par simple curiosité, puis, en regardant des centaines de vidéos reliées les unes aux autres – les fans parlent de « tomber dans le terrier des lapins Bangtan » –, elle s'apercevait vite que ce groupe ne ressemblait pas aux groupes habituels de la K-pop qui chantent des mélodies faciles et dansent sur des chorégraphies avant tout énergiques. Des paroles porteuses de sens, un récit construit, solide, qui leur est propre, des efforts manifestes pour progresser tant au niveau musical qu'au niveau humain, l'amitié et l'attention qu'ils se portent entre eux, tout ceci dégage un charme fou et a tôt fait de transformer le simple visiteur curieux en véritable fan.

En Corée, c'est en 2015 que le groupe s'est fait connaître du grand public, avec son titre *I Need You* qui est devenu pour la première fois numéro 1 dans le classement des radios. Mais à l'étranger, des signes peu ordinaires commençaient déjà à se manifester, comme au KCON (une série de concerts de K-pop) organisé en 2014 à Los Angeles, où le groupe a recueilli des applaudissements dignes de stars. Une année après ses débuts, alors que le nom de BTS était encore largement inconnu du grand public, son album *Skool Luv Affair*, sorti en 2014, s'affichait en troisième place dans le classement Albums du Billboard, témoignant d'une étrange ferveur en train de naître.

Le contexte paradoxal, asymétrique, d'un groupe devenu populaire à l'étranger avant de percer dans son pays a engendré de violentes tempêtes en Corée qui auraient pu déstabiliser les membres de BTS, peinant encore à percer localement. L'une des premières rumeurs a été qu'un groupe aussi peu connu ne pouvait vendre autant de disques, que par conséquent il devait s'agir d'une magouille de leur label qui avait sans doute lui-même acheté les disques pour faire monter la cote. L'affaire a été jugée et le tribunal a lavé l'agence de tout soupçon d'achats frauduleux. D'autres rumeurs ont suivi, comme des accusations de plagiat portant sur leurs couleurs de cheveux ou leurs tenues vestimentaires. Chaque fois, toutes ces attaques malveillantes étaient lancées par les fandoms de groupes appartenant aux trois majors. Ces pratiques ont démarré dès 2014, juste après leurs débuts, se sont poursuivies en 2015 tandis que le groupe entamait son ascension, et ont persisté sans relâche jusqu'en 2016. Le summum a été atteint en mai 2016. C'était le jour du concert donné au stade olympique de Séoul, le jour où le groupe réalisait enfin ses rêves. Après le concert, le cœur rempli d'émotion, ils ont ouvert leur compte Twitter pour laisser un message à leurs fans ; c'est alors qu'ils se sont heurtés à un mur de tweets liés par le hashtag #PlagiarismBoyScouts (« boy-scouts plagiaires »). Une agression en temps réel, planifiée par le fandom d'un autre groupe pour surgir juste au moment où les BTS sortis de scène viendraient se connecter.

Parallèlement aux attaques en Corée, d'autres tentatives de déstabilisation ont eu lieu à l'étranger, notamment avec le plan « Break the Wings » ourdi à nouveau par un fandom concurrent à l'occasion de la sortie de l'album *Wings* de BTS. Ce projet, concocté dans l'intention de saboter les activités de BTS à l'étranger en répandant des rumeurs et en déposant des pièges çà et là, était bien trop pernicieux pour être considéré comme une simple dispute entre fandoms. À cette période, un certain nombre de ARMY ont quitté le fandom de BTS, ne supportant plus ces attaques violentes et répétées que certains enduraient depuis déjà quelques années. Plusieurs interviews des membres du groupe et certaines paroles de leurs chansons laissent entrevoir l'angoisse et la douleur qu'ils ont ressenties durant ces longs mois[1]. Derrière ces agressions perçait une pointe de mépris envers leur origine, la certitude qu'un groupe issu d'une petite agence ne pouvait connaître une telle popularité. Et que, contrairement aux autres groupes, portés par des méga-agences possédant un grand savoir-faire et des fandoms puissants, BTS ne pourrait contre-attaquer et pouvait donc être piétiné sans risque de représailles.

1. À la question : « S'il y a eu des moments difficiles dans votre vie, quand était-ce, quels étaient-ils et comment les avez-vous surmontés ? », Jungkook a répondu que c'était un secret mais a ajouté : « À l'époque, ce n'était pas quelque chose que j'arrivais à surmonter. » Quant à RM, dans sa chanson intitulée *Always* qu'il a publiée le jour du Nouvel An 2017, il laisse clairement voir quel était son état personnel à cette époque : « Un matin, j'ai ouvert les yeux et j'ai souhaité être mort. »

Que des fans de K-pop, à l'étranger, s'en prennent aux BTS et aux ARMY, cela pouvait s'expliquer. La plupart de ces fans raffolaient de plusieurs groupes de K-pop, sans faire de distinction claire entre les uns et les autres. Jusqu'à récemment, partout ailleurs qu'en Corée, la K-pop était considérée comme une sous-culture. Ses fans, indépendamment des identités propres à chaque groupe, avaient tendance à se sentir solidaires et à se mobiliser tous ensemble pour n'importe quel groupe. Sauf, bizarrement, dans le cas de BTS dont les fans étaient uniquement fans de BTS, au point que nombre d'entre eux ne s'intéressaient aucunement à la K-pop. Pour les fans de K-pop, réunis par une passion commune pour ce genre musical, l'exclusivisme des ARMY était une chose étrange et, évidemment, plutôt mal vue. Cette atmosphère anti-BTS a longtemps fait souffrir les ARMY, en Corée et à l'étranger. Mais ceci dit, l'ennemi extérieur unit l'intérieur. L'adversité des fans de K-pop a eu pour effet de pousser davantage encore les ARMY à serrer les rangs et à rassembler leurs forces. Ne bénéficiant ni d'appuis puissants ni de la faveur des médias, les BTS ne pouvaient compter que sur leur fandom. Cette prise de conscience, potentiellement désespérante, aura été le ferment qui amènera plus tard les ARMY étrangers à frapper à la porte du marché étasunien au bénéfice des seuls BTS.

Aujourd'hui, huit ans après leurs débuts, les BTS occupent, sur le marché étasunien – le marché le plus important pour la culture populaire – et dans bien d'autres pays à travers le monde, une place considérable. En moins d'une année, trois de leurs albums ont pris successivement la première place du Billboard. BTS a aussi été le premier groupe coréen à se placer en tête des charts britanniques. En 2019, aux Billboard Music Awards, ils ont remporté les deux prix de Top Duo/Group et Top Social Artist pour la troisième fois consécutive. En 2018, leur album est devenu le deuxième album le plus vendu au monde. En Corée, l'album *Map of the Soul : Persona* a été vendu à 3,6 millions d'exemplaires dans les deux mois suivant sa sortie, battant ainsi le précédent record du plus grand nombre d'exemplaires vendus pour un seul album selon le Gaon Chart[1]. BTS et les ARMY, qui ont commencé à la marge de la K-pop, sont désormais le boys band et le fandom les plus célèbres du monde.

1. Le Gaon Chart est un classement des meilleures ventes de disques en Corée.

2

K-pop, la culture du vote

La voie par laquelle on devient un fan est propre à chacun. Néanmoins, il est possible de dire sans exagérer que ce qui a permis à BTS de se constituer un fandom aussi puissant à l'étranger, ce sont les vidéos sur YouTube. Toutes les vidéos : les quelques centaines de vidéos officielles et d'autres, innombrables, postées par des fans. YouTube est à la fois la porte d'entrée dans le fandom de BTS mais aussi une véritable île aux trésors. Les fans commencent à visionner des vidéos sur YouTube avant de passer sur Twitter, le seul réseau social où le groupe possède un compte officiel et où ses membres postent plusieurs fois par jour des photos et des vidéos. Puis les fans poursuivent leur chemin avec l'application Naver V qui propose des *variety shows* produits par les BTS et même des concerts surprise. Ils élargissent ensuite leur terrain d'exploration dans diverses communautés où se retrouvent toutes sortes de fans d'idoles, telle que dcinside, Nate Pann, theqoo ou instiz. Les fans s'activent ainsi sur différentes plateformes en ligne mais se retrouvent tous une fois par an pour allier leurs forces sur un même projet. Il s'agit des votes. En effet, pour les fans, la fin d'année est la période qui va réclamer toute leur concentration et une énergie hors du commun, car de nombreux prix arrivent pour couronner l'année passée. Les votes se déroulent généralement pendant un mois, voire deux pour les plus longs. Ce sont autant de champs de bataille qui exigent une endurance à toute épreuve, une formidable organisation et des stratégies hautement élaborées dans le secret de chaque fandom.

Le vote par hashtag

iHeartRadio, qui possède 850 stations de radio partout aux États-Unis, organise depuis 2014 les iHeartRadio Music Awards. Compte tenu du poids prépondérant des radios dans le classement Billboard, les iHeartRadio Music Awards sont comme un indicateur en temps réel du Billboard. Quand en janvier 2018 iHeart a publié la liste des nominés de chaque catégorie, les réseaux sociaux se sont enflammés. Non seulement BTS était sélectionné dans la catégorie Meilleur boys band, mais également Meilleur fandom. Les modalités de vote pour les lauréats de ces prix sont simples puisqu'il s'agit de poster, durant près de deux mois, sur tous les réseaux sociaux tels Facebook, Twitter ou Instagram, ou directement sur le site de iHeartRadio, un hashtag avec le nom de son artiste préféré. Le nombre de votes par jour et par personne est limité à cinquante.

En Corée, sur Twitter, le compte de BTS est celui qui dénombre le plus de followers. En mai 2019 ils sont plus de 20 millions et chaque jour arrivent une dizaine de milliers de nouveaux abonnés. Nul n'ignore que ce réseau a été le média préféré du président Donald Trump qui y avait fait son nid, au point que des journalistes ont pu parler, le concernant, de « politique sur Twitter ». Néanmoins, selon Bloomberg News, en 2017 le nombre de total de tweets citant le compte de Donald Trump – @realDonaldTrump – et celui de Justin Bieber, suivis par plus de 100 millions d'abonnés, n'atteignait pas la moitié de celui des BTS. Le tweet le plus liké en 2018 était une vidéo postée par J-Hope, avec 1,8 million de likes. Twitter est devenu le repaire des BTS et des ARMY. Il y a à peu près un an, la célèbre YouTubeuse canadienne Lilly Singh, devant une vaste audience comptant Will Smith lui-même, a publié une vidéo dans laquelle elle donnait ses conseils sur « Comment parler sur la toile ». Sa leçon numéro 1 concernant Twitter était « Ne jamais s'en prendre aux BTS[1] ».

À l'annonce des nominés des iHeart, la joie régnait chez les ARMY. Forts de leur incomparable énergie, qui leur avait déjà permis de faire monter les BTS sur la scène du Billboard Music Awards en 2017, avec 300 millions de votes, ils se disaient que

1. Lilly Singh (Superwoman), « How to speak Internet 101 (ft. Will Smith) » : http://www.youtube.com:watch?v=pMpQABKIC-1

ce prix était quasiment acquis ; certains des ARMY plaignaient déjà les fandoms concurrents. Ils étaient loin de se douter qu'ils allaient devoir faire face à un formidable adversaire. Telle idole, tel fandom ; dès les débuts du groupe, les ARMY avaient dû franchir des obstacles les uns après les autres, cette fois les fans allaient devoir mobiliser toutes leurs ressources.

La menace la plus redoutable venait du fandom d'Exo, un groupe de K-pop concourant également dans la catégorie Meilleur fandom. Il existait aussi des communautés de fans très structurées autour d'artistes occidentaux comme Beyoncé ou One Direction mais, en matière de vote, il était peu probable qu'ils fassent le poids face aux fandoms survitaminés de la K-pop – à dire vrai, ils ont atteint un niveau tel qu'ils regardent de haut les bots russes qui ont massivement retweeté Donald Trump lors de sa première campagne. À la sortie d'une nouvelle chanson de leur idole, plonger en apnée dans les streamings jusqu'à la hisser en tête des classements fait partie intégrante de la culture fandom. De même, pour les votes de fin d'année, les fandoms s'organisent avec une efficacité à nulle autre pareille pour mener de vastes offensives. C'est ainsi que le savoir-faire unique des fans coréens est désormais reconnu par tout un chacun. Il ne manquait qu'une bataille de votes en ligne pour officialiser cet état de fait. Or, parmi les nombreux groupes de K-pop produits par la méga-agence SM, Exo était réputé avoir les soutiens les plus actifs. Tout vote en ligne opposant Exo à BTS mettait le feu à la toile, et le concours d'iHeart n'allait pas faire exception.

Quand ARMY et Exo-L[1] sont entrés en lice, la participation a atteint des sommets ; un jour, plus de 10 millions de votes ont été comptabilisés du côté des ARMY. Limités à cinquante votes par jour, les fans avaient ouvert plusieurs comptes sur Twitter pour démultiplier leur présence. Quand ils avaient épuisé leur quota sur ce réseau, ils passaient sur Instagram pour cinquante nouveaux votes quotidiens. Puis, une fois ceux-ci réalisés, ils enchaînaient avec cinquante de plus sur Facebook. Rien que d'en parler, cela semble bien fatigant, or c'est toute une armée de passionnés qui a répété cette routine jour après jour pendant deux longs mois. Les ARMY étaient épuisés, exténués ; l'expression « l'enfer des votes » circulait entre eux avec une once d'autodérision.

Une autre tension est venue corser cette compétition, cette fois en provenance d'un groupe qui, sans avoir un fandom au niveau de ceux de la K-pop, a néanmoins mené une campagne de vote ultra-efficace : le groupe latino-américain CNCO, également candidat au prix de Meilleur boys band. Chaque membre du groupe encourageait tour à tour les votes. Et chaque fois que l'un d'entre eux tweetait, des dizaines de milliers de retweets se déversaient en temps réel. Mais même pour un fandom pouvant se vanter d'un nombre considérable d'affidés, la seule façon de remporter cette compétition au long cours, c'est de savoir garder le rythme. C'est-à-dire de voter, voter et voter encore, chaque jour, comme

1. Exo-L : nom du fandom d'Exo.

on fait ses devoirs à la maison. Durant la journée, les ARMY du continent asiatique votaient puis, quand ils s'endormaient, c'étaient les ARMY occidentaux qui, à l'autre bout de la planète, prenaient le relais. Les statistiques annonçant chaque heure le nombre total de votes dans le monde entier ainsi que l'écart séparant les concurrents, les fans des différents pays rivalisaient d'idées toutes plus originales et joyeuses pour encourager les votes et motiver chaque ARMY, tout ce monde ne formant plus qu'un seul corps lancé dans un marathon infernal. Cette double course, contre Exo-L dans la catégorie Meilleur fandom et contre CNCO dans celle de Meilleur boys band, s'est soldée par la victoire de BTS dans les deux catégories, avec un écart supérieur à 100 millions de voix. Le jour de la remise des prix iHeart, BTS, qui n'avait pu assister à la cérémonie, a adressé un message (fig. 1) à ses fans :

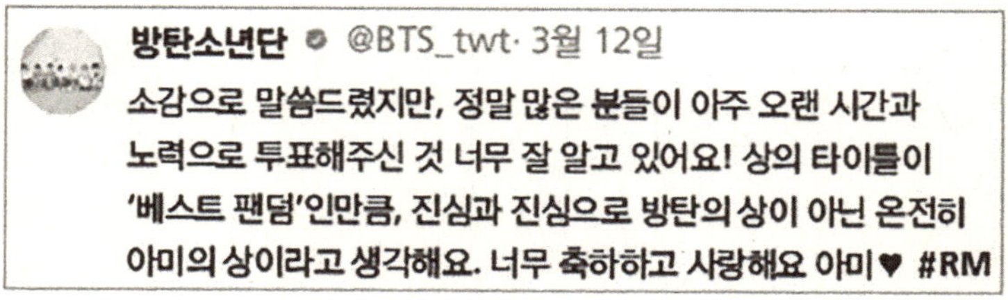
방탄소년단 @BTS_twt· 3월 12일
소감으로 말씀드렸지만, 정말 많은 분들이 아주 오랜 시간과 노력으로 투표해주신 것 너무 잘 알고 있어요! 상의 타이틀이 '베스트 팬덤'인만큼, 진심과 진심으로 방탄의 상이 아닌 온전히 아미의 상이라고 생각해요. 너무 축하하고 사랑해요 아미♥ #RM

Figure 1. BTS tweete le 12 mars : « Comme je l'ai déjà mentionné lors de la remise du prix, nous savons que vous avez été nombreux à consacrer votre temps et votre énergie pour voter pour nous ! Comme l'indique la catégorie, Meilleur fandom, nous pensons sincèrement que ce prix revient aux ARMY, le seul lauréat, non pas aux BTS. Toutes nos félicitations. Nous vous aimons, ARMY. <3 #R.M. »

Avec cette dédicace, les ARMY quittaient enfin « l'enfer des votes », échangeant entre eux des sourires signifiant que ces quelques lignes de leurs idoles « faisaient fondre la fatigue accumulée comme neige au soleil ».

Autre exemple représentatif du vote par hashtag, la compétition pour le Top Social Artist des Billboard Music Awards. Invité pour la première fois à cette cérémonie en mai 2017, le groupe BTS remportait le prix Top Social Artist sous les acclamations assourdissantes de ses fans. Au moment où leur nom était prononcé, ravissant la place détenue jusqu'alors et depuis des années par Justin Bieber, V, un membre de BTS, incrédule, s'écriait derrière le plateau : « Les ARMY l'ont fait ! » Et c'était le cas. Les ARMY du monde entier avaient conquis l'espace virtuel jusqu'à la cérémonie de la remise du prix. Ils étaient parvenus à envoyer leur groupe sur une des scènes les plus importantes des États-Unis. L'affaire avait commencé en 2015. Dès la sortie du premier album de leur série *Hwa Yang Yeon Hwa*, BTS avait débuté son ascension dans le Billboard. Mais pas assez au goût des ARMY qui estimaient que le marché occidental de la musique devait porter encore plus d'attention à BTS. Alors quand le groupe avait été nominé dans la catégorie Top Social Artist 2017, suite aux résultats de 2016, les ARMY avaient préparé l'assaut mondial. Selon eux, ce qui avait manqué aux BTS jusque-là, c'était une occasion. Ils étaient certains que, si un jour les gens pouvaient voir de leurs propres yeux la force et la présence des sept garçons, tous seraient séduits comme eux-mêmes l'avaient été.

Le type de vote, à savoir le vote par hashtag sur les réseaux sociaux, était idéal pour les ARMY. Multipliant sur Twitter les comptes au fur et à mesure que ceux-ci étaient bloqués pour cause de dépassement du quota quotidien, les ARMY ont voté et encouragé leur entourage à le faire sans relâche. Détail amusant : après clôture des votes, le décompte par pays a fait apparaître quelques centaines de voix venant de Corée du Nord.

Si la victoire des ARMY a été écrasante, il serait faux de croire qu'elle a été aisément acquise. Des fandoms de groupes occidentaux déjà célèbres se sont moqués de ces candidats dont ils n'avaient jamais entendu parler. Des fandoms de K-pop, ne trouvant pas leurs idoles dans la liste, se sont mis à voter massivement, à la fois par moquerie et par jalousie, pour d'autres candidats que BTS. Mais pendant ce temps, tant en Corée qu'à l'étranger, les ARMY, conscients qu'« il n'y a que les ARMY pour les BTS », s'abonnaient aux votes pluriquotidiens. Au final, les BTS ont été lauréats du Top Social Artist cette année-là avec un score de plus de 300 millions de votes, un chiffre jamais atteint auparavant. En voyant leur groupe recevoir le prix à Las Vegas, les ARMY résolurent de l'envoyer l'année suivante pour une représentation sur scène. Ce qui s'est produit. En 2018, non seulement les BTS remportaient une seconde fois le prix du Top Social Artist, mais ils se produisaient sur scène en proposant, pour la première fois, *Fake*

Love, titre phare de leur nouvel album. La semaine suivante, ce nouvel album de BTS se retrouvait pour la première fois en tête du classement Billboard.

En 2019, le groupe remportait le prix du Meilleur duo/groupe, devenant le premier artiste d'Asie à recevoir l'un des trophées majeurs des Billboard Music Awards.

Le côté sombre de la culture du vote

Parmi les éléments qui reviennent régulièrement quand il est question des fans de K-pop, il y a les chants entonnés collectivement avec le public, les locations de panneaux publicitaires – en Corée comme à l'étranger – et surtout le dynamisme des votes. Or ce « dynamisme des votes » n'a pas que des côtés positifs. Déjà, il repose sur cette base de la culture fandom qui est de considérer la gloire de son idole comme sa propre gloire. Ce principe est particulièrement bien ancré en Corée où la date de péremption des idoles arrive relativement tôt sous les effets combinés du service militaire obligatoire, pour les garçons, et d'une compétitivité extrême. Le score des idoles devient alors le critère officiel pour évaluer leur popularité. Pour faire grimper ce score, les fans, en dépit de l'aspect fastidieux de ces votes, s'y adonnent donc avec passion et assiduité.

Le souci, c'est que certains organisateurs de prix, en Corée, abusent du zèle infini des fans et le détournent, sans scrupules, pour se faire de l'argent facile. Sur les smartphones, pour pouvoir voter, vous devez soit regarder une publicité d'une dizaine de secondes, soit télécharger un jeu ou quelque application financière plus ou moins douteuse. En Corée, pour ceux qui ne veulent ni subir la publicité ni installer n'importe quelle application, il existe une autre option, le vote payant. Au départ, la plupart des utilisateurs supportent patiemment la publicité en attendant de pouvoir voter, mais quand approche la clôture du scrutin et que les scores se resserrent, les fans, même à contrecœur, basculent vers le vote payant. Au final, le résultat des votes de popularité dépendra souvent de qui aura accepté de payer plus que les autres. Certes, quelqu'un qui voit cela de l'extérieur se dira que les votants n'ont qu'à refuser l'option payante au lieu de céder à un consumérisme compulsif, mais en réalité il est peu probable qu'un fan ne choisisse pas *in fine* l'option payante quand il s'agit de défendre son groupe et que le résultat est incertain. Imaginez, le vote se termine dans une poignée d'heures et votre idole est en retard d'une centaine de voix tout au plus ! Ne serait-ce que pour justifier tous les efforts faits les jours précédents, vous basculerez probablement dans le vote payant.

Cette offre est typiquement un piège tendu aux fans par certains organisateurs de scrutins qui connaissent la psychologie de leurs victimes consentantes. N'ayant jamais eu vent de telles pratiques à l'étranger, je me demande comment les Coréens osent encore se livrer publiquement à ce genre de pratiques et pourquoi la presse ne dénonce pas ce scandale. Et chaque année, à la saison des votes, cette option payante réapparaît et sème le trouble dans l'écosystème du marché des idoles. Ce procédé démontre aussi, de la part de ceux qui le mettent en œuvre, un manque total de morale vis-à-vis de fans – généralement de jeunes gens qui ne peuvent pas encore exercer pleinement leurs droits de consommateurs – considérés comme de simples machines à cash. Ce n'est pas tout ; parmi les applications à télécharger ou les publicités à visionner avant de pouvoir accéder au vote se trouve un grand nombre de contenus douteux, voire carrément malsains pour des fans mineurs : annonces pour des jeux d'argent ou des casinos, pour des sites de rencontres, etc. De fait, au début de l'année 2019, les Seoul Music Awards avaient mis en place ces trois options pour voter. En découvrant que parmi les applications proposées il y en avait une pour un site de rencontres, de nombreux fandoms, y compris les ARMY, s'en sont émus et l'ont signalé. L'organisateur s'est contenté de retirer l'application en question sans apporter d'autres modifications à son système de vote. Les ARMY, suivis par d'autres fandoms, réunis ensemble au sein d'une union des fandoms de K-pop, ont déclaré qu'ils ne cautionneraient plus ces pratiques abusives et ont entamé un boycott au nom de tous les fandoms. C'était la première fois qu'un tel appel, qui plus est venu des fans eux-mêmes, visait ces agissements. Néanmoins, en l'absence de loi qui permettrait de les sanctionner, ils perdurent et sont encore largement présents en Corée.

Autre point noir, la catégorie Meilleure *hallyu*. Depuis quelques années, la culture populaire coréenne a déferlé sur le monde en une immense vague. *Hallyu* (« vague » en coréen) désigne désormais ce grand mouvement d'influence. Bien entendu, la K-pop aussi a suivi cette vague et a commencé à bénéficier d'une certaine cote à l'étranger. C'est alors qu'est apparue une nouvelle catégorie dans les hit-parades : Meilleure *hallyu*. En toute logique, le lauréat devrait être déterminé par le vote des fans étrangers, mais ce n'est pas le cas. Les fans coréens, imaginant que les fandoms étrangers ne seraient pas assez forts pour défendre leurs idoles, se sont mis à voter via des VPN (Virtual Private Network) pour délocaliser leurs IP. Ce détournement de la règle est certes le fait des fans coréens, mais les organisateurs ont manifestement laissé faire. En principe, un prix doit récompenser le plus méritant dans une catégorie, mais dans les faits, ces dernières années, la Meilleure *hallyu* est revenue quasiment à chaque fois au même artiste que le Meilleur musicien en Corée. Il va de soi que les fans coréens devraient arrêter de tricher, mais le plus regrettable est que les organisateurs conservent un certain flou dans leur règlement pour permettre cet abus. Dans d'autres pays, il en va tout autrement et les règlements stipulent que si les organisateurs eux-mêmes découvrent des votes non autorisés, l'artiste concerné se voit exclu de la compétition.

Sans qu'il s'agisse d'un vote, un incident de nature comparable s'est produit en 2017. Des fans de Harry

Styles, membre de One Direction, ont utilisé un VPN pour l'écouter en streaming sur des IP américaines[1]. Alors que le classement Billboard tient compte uniquement de la vente et du streaming aux États-Unis, des fans hors des États-Unis ont massivement falsifié leurs IP dans le but de faire monter Styles dans le haut du classement. Lorsque la presse a révélé le pot aux roses, le comportement des fans a soulevé les critiques les plus virulentes. Nielsen SoundScan, fournisseur des données du Billboard, a annoncé qu'il utiliserait désormais un système permettant de bloquer les écoutes via VPN et prendrait toutes sortes d'autres mesures pour lutter contre ces irrégularités.

Le vote étant le moyen le plus directement visible pour un fandom de montrer son dynamisme, les fans se mettent forcément à payer ou à utiliser des voies peu scrupuleuses pour voter.

Encore récemment, un autre scandale a éclaté. Il s'agit de l'affaire dite de « piratage de votes » lors des Golden Disk Awards, venant de hackers. Pour voter, il fallait utiliser une application dédiée, fournie par LG, Uplus. Celle-ci n'autorisait qu'un ID par personne avec un nombre de votes limité. Or un fandom a pénétré le programme en mode administrateur, a créé un ID anonyme associé à un numéro de téléphone à partir duquel il a créé un nombre infini de nouveaux ID pour voter. Cette affaire a provoqué

1. Kaitlyn Tiffany, « Harry Styles Fans Are Trying to Beat the Billboard Charts With VPNs And Mass Coordination », *The Verge*, 5 mai 2017 : http://www.theverge.com/2017/5/5/15533760/harry-styles-streaming-data-billboard-tumblr-fan-effort

un véritable choc en Corée, en prouvant qu'il était possible de pirater la plus répandue des méthodes pour sécuriser une transaction – l'authentification par texto. Accessoirement, elle a aussi montré que l'un des plus grands serveurs du pays était à la merci, non pas de super hackers mal intentionnés, mais d'un simple fandom. Parmi ceux qui ont voté de cette manière, la plupart ne se seraient pas posé de questions, habitués qu'ils étaient aux multiples pratiques irrégulières qui prévalaient alors, y compris voter à plusieurs reprises simplement à l'aide du mode « navigation privée » de Chrome. Il est probable que les personnes à l'origine de ce piratage ne se rendaient pas compte qu'il y avait là une ligne à ne pas dépasser, celle qui les faisait basculer dans l'illégalité. Mais dans nos sociétés où l'information est une propriété, il n'y a malheureusement aucun doute que ces manières de faire, générer des ID de façon automatique grâce à une fausse authentification, relevaient d'une violation flagrante de la loi.

Il serait trop simple de penser que le fait de jouer ainsi à la frontière du légal et de l'illégal n'est que l'expression du comportement immature de jeunes gens influençables. L'industrie des idoles est régie par des fandoms, non par le grand public. L'importance et le pouvoir d'achat des fandoms – qui achètent les albums et toutes sortes de produits dérivés, écoutent la musique en streaming, assistent aux concerts – sont les éléments décisifs de la longévité des idoles. Les efforts déployés par les fans pour consolider la place de leurs idoles dans cette jungle, en leur donnant plus de votes, en faisant sortir plus d'articles dans la presse, etc., sont louables. Le vrai problème, c'est l'absence de toute morale chez les organisateurs coréens de ces votes qui cherchent à tirer un maximum de bénéfices de l'innocence des fans. Il faut espérer que, même tardivement, ces organisations comprennent que la seule façon pour elles de retrouver de la crédibilité, c'est d'abroger le vote payant et d'établir une réglementation stricte de ces compétitions.

3

ARMY, les champions de la promotion

De 2013, année de lancement de BTS, jusqu'en 2017, année de sa première apparition aux Billboard Music Awards et aux American Music Awards, le fandom de BTS à l'étranger était supérieur en nombre au fandom coréen. Bang Si-hyuk, fondateur et co-PDG de Big Hit Entertainment, a lui-même estimé que la popularité de BTS avait en quelque sorte été rétro-importée des pays étrangers. Une fois la place de BTS assurée en Corée, les fans du monde entier se sont fixé un nouvel objectif : hisser le groupe au-delà de la K-pop et en faire un groupe international de premier plan. C'est à la cérémonie des Billboard 2017 que leur capacité à se rassembler a montré toute sa force. Quelques jours plus tôt, des hordes de fans se sont ruées vers Las Vegas, venant des quatre coins des États-Unis. Bien entendu, ils voulaient profiter de cette occasion unique de voir leur groupe en chair et en os, mais c'était surtout l'occasion de montrer qu'ils constituaient un fandom incroyablement fort.

Sous le soleil brûlant de mai, infatigables, les fans ont attendu des dizaines d'heures en chantant les morceaux du groupe. Et quand enfin le nom de BTS a retenti, ils ont littéralement secoué toute la salle avec leurs cris et leurs applaudissements. Alors, soudain, tous les regards des médias étasuniens ont convergé vers BTS.

L'engouement de Las Vegas n'était qu'un prélude. La même année, au mois de novembre, BTS remontait sur scène aux États-Unis, cette fois pour la remise des American Music Awards. C'était évidemment le premier groupe de K-pop invité à cette cérémonie. Personnellement, c'est là que je l'ai découvert. C'était tellement nouveau pour moi, tous ces fans qui chantaient ensemble, en coréen, brandissant leurs Army Bombs[1]. La curiosité m'a amenée à visionner d'autres vidéos sur YouTube, celles des ARMY après le concert de ce jour-là, notamment, et ma curiosité s'est muée en stupéfaction. Je voyais des fans occidentaux qui chantaient les chansons de BTS durant le set des American Music Awards, et d'autres, dans leur salon, chantant aussi en agitant leurs drôles de bâtons lumineux ; j'étais sidérée. Des fans qui scandaient les noms des membres plusieurs heures avant que le groupe monte sur scène, celles et ceux qui laissaient couler silencieusement leurs larmes, la bouche

1. L'Army Bomb est un accessoire majeur des ARMY. Il s'agit d'un globe lumineux muni d'une poignée, qui peut être piloté par la régie lors des concerts, mettant ainsi en scène des jeux de lumière très élaborés. *(N.d.T.)*

cachée derrière leur poing, ceux qui, exaltés, hurlaient à tue-tête : « *Take the world !* » devant leur téléviseur... Les réactions des fans lors de ces premiers concerts de BTS aux États-Unis étaient toutes différentes mais convoquaient une même émotion : ils étaient formidablement fiers de voir les BTS sur une scène d'importance mondiale. Tout de même, ils n'étaient ni de leur village, ni même de leur pays. Voir un groupe venu d'un petit pays d'Asie sur la scène des American Music Awards, était-ce vraiment un événement dont ils devaient, eux, être fiers ? Guidée par un mélange de curiosité et d'incompréhension, j'ai cherché d'autres vidéos de BTS, encore et encore. Finalement, ce jour-là, ce qui m'a amené à rejoindre les ARMY, ce sont précisément les ARMY.

Qui sont donc les BTS pour faire naître de telles passions ? Tel est sans doute le point de départ qui a amené les médias occidentaux à s'intéresser au groupe. Ellen DeGeneres (« The Ellen DeGeneres Show ») a dit, en commentant l'excitation paroxystique des fans à l'arrivée des BTS sur le tarmac de l'aéroport de Los Angeles : « C'est comme si les Beatles étaient venus chanter. »

Le paysage musical étasunien a braqué ses projecteurs sur BTS parce que l'exaltation de ses fans dépassait toute attente. À ce moment-là, tous ont pu constater que la meilleure publicité du groupe était la passion de ses fans.

La puissance des ARMY élève les BTS

2018 a été un tournant dans la carrière des BTS. Cette année-là, leurs résultats dans différents classements ont démontré qu'ils n'étaient pas qu'un simple phénomène internet mais un groupe majeur de la pop. Dès l'aube de 2018, les ARMY ont commencé à s'activer. Ils ont laissé derrière eux la cérémonie de remise de prix des BBMA et le concert de l'AMA, car il était temps de se mettre sérieusement au travail et de consolider la progression de leur groupe sur le marché occidental. C'est ainsi que les ARMY ont programmé le succès de BTS hors d'Asie, sous le slogan : « 2018 Race for Gold ».

Le plan comportait sept objectifs précis :

1. Entrée dans le top 10 des meilleurs singles (Billboard) ;
2. Numéro 1 dans le classement des albums (Billboard) ;
3. Disques d'or et de platine (Recording Industry Association of America – RIAA) ;
4. Récompense aux Billboard Music Awards ;
5. Nomination aux American Music Awards ;
6. Nomination aux Grammy Awards ;
7. Numéro 1 dans le classement Social Chart 50 (Billboard).

Pour mener à bien ce septuple projet, les fanbases se sont réunies ; elles devaient définir dans le détail des stratégies pour chacun des objectifs visés. Elles avaient besoin pour cela d'un compte qui publierait les informations utiles pour le classement Billboard, mis à jour en temps réel ; d'un compte qui, à la sortie de chaque nouvel album, stimulerait le streaming et annoncerait les téléchargements sur iTunes dans le monde entier ; d'un compte qui œuvrerait spécifiquement pour encourager les votes sur tel ou tel objectif, en définissant les divers modes d'action…

Via tous ces comptes, les fandoms de chaque pays ont pu poursuivre des projets communs, produisant également des contenus, y compris de la vidéo, qu'ils postaient au fur et à mesure pour former de nouveaux ARMY. Les classements du Billboard ne prenant en compte que les ventes et le streaming aux États-Unis, les ARMY étasuniens et portoricains se sont chargés seuls des achats et du streaming de l'album tandis que les ARMY des autres pays s'occupaient du prosélytisme auprès des radios américaines tout en achetant, téléchargeant et écoutant en streaming le nouvel album dans leurs pays respectifs. Et comme il se doit, ils relayaient auprès des fans les mêmes directives. Résultat fascinant, à la fin de l'année 2018, les sept objectifs fixés avaient été atteints[1] et BTS était devenu un groupe majeur sur le marché du disque occidental.

Début 2019, le fandom a publié une photo (fig. 2) portant le titre : « Mission Complete ».

1. Numéro 1 durant 49 semaines dans le classement des albums en 2018, pour l'objectif 2.

Figure 2. Publication des fandoms se félicitant de la réussite de leurs objectifs du « 2018 Race For Gold ».

Cette promotion et la réussite qui en a découlé n'ont pas été le seul fait des principaux fandoms, elles résultent aussi de la publicité quotidienne menée individuellement par chaque ARMY auprès de son entourage. Ces ARMY, à titre personnel, ont contribué à mieux faire connaître BTS en mettant ses posters sur les panneaux d'affichage de leurs écoles ou en collant des Post-it sur la porte des toilettes (fig. 3). Certains sont même allés jusqu'à préparer des flyers comportant un QR code afin que les gens puissent facilement écouter la musique de leur groupe.

Figure 3. Des publicités guérilla dans la vie quotidienne. Les ARMY ont placé des posters de BTS sur les panneaux d'affichage et la porte des toilettes de leurs écoles.

Tous avaient compris que BTS, un groupe asiatique non anglophone, de surcroît un boys band, ne pouvait se battre sur le marché occidental sans un capital puissant. Une fois cette prise de conscience effectuée, pour traverser un mur qui semblait infranchissable, ils ont opté pour les moyens d'action à leur disposition, à savoir un marketing de proximité mobilisant tous les fans. Fidèles à cette idée, les ARMY s'appelaient eux-mêmes « les guérilleros de BTS ».

Jusqu'à présent, aucun artiste coréen n'avait rivalisé hors de son pays avec des musiciens mondialement connus. Big Hit, le label de BTS, n'avait pas non plus l'expérience pour percer sur le marché étranger, ce qui a entraîné quelques erreurs et tâtonnements. Par exemple, le classement Billboard tient compte du nombre de ventes et d'écoutes en streaming du vendredi jusqu'au jeudi de la semaine suivante, de sorte que la plus grande partie des artistes occidentaux publient leurs nouveautés le vendredi. Or, en Corée, il est d'usage de sortir les nouveaux albums ou singles le mercredi ou le jeudi. De fait, ce décalage a constitué un désavantage lors de la sortie du premier disque de BTS. Parmi les ARMY étasuniens travaillant au contact de la production de disques, des voix ont commencé à s'élever pour réclamer une sortie des nouveautés le vendredi. Et c'est ainsi qu'en 2018 les BTS ont sorti leur album un vendredi. Et ont pris la tête du classement Billboard. Depuis, il est arrivé de plus en plus souvent que d'autres groupes de K-pop sortent leurs disques le vendredi.

Un point essentiel pour les disques de BTS, ce sont les MV (*music videos*) de chaque titre de l'album. Non seulement le nombre de vues sur YouTube influence directement un certain nombre de classements, mais ce canal joue aussi un rôle crucial dans la diffusion des musiques auprès du grand public. Problème : au milieu du flot de vidéos postées par les fans, il devenait difficile de repérer les vidéos originales. Pour que l'internaute aboutisse directement sur la vidéo officielle du groupe en tapant une recherche sur « BTS », il était fondamental de choisir les bons mots-clés au moment de les mettre en ligne. Lors de la sortie de *Fake Love*, en mai 2018, faute de mots-clés efficaces, il était très compliqué de retrouver la vidéo officielle. De nombreux ARMY ont alors dressé des listes de mots-clés à modifier qu'ils ont ensuite envoyées à Big Hit. Dans le même temps, ils ont partagé le lien officiel sur tous les réseaux sociaux pour améliorer la visibilité de la vidéo. Peut-être est-ce donc aussi grâce à leurs efforts que la MV de *Idol*, sortie trois mois plus tard en août 2018, a atteint 45 millions de vues en moins de 24 heures, dépassant ainsi le record de Taylor Swift dont *Look What You Made Me Do* avait été vue 45 millions de fois en 24 heures. La nouvelle de ce record a fait les grandes lignes de journaux réputés en Occident, ce qui était l'objectif des ARMY, à savoir assurer la promotion de BTS.

Campagnes de hashtags

Le web accueille nombre de réseaux sociaux. Le principal terrain de jeu des BTS et des ARMY, c'est Twitter. Sur cette plateforme, ouverte par essence, les réseaux se tissent entre usagers anonymes partageant des intérêts communs, au contraire, par exemple, de Facebook qui fonctionne de manière plutôt fermée, outil par excellence pour qui veut gérer à distance ses relations humaines. La particularité de Twitter, qui consiste à afficher sur son fil les sujets populaires du moment, permet d'écouler un flot considérable d'informations de manière instantanée. Or, comme les sujets de discussion abordés sur Twitter changent constamment, le réseau propose en temps réel un indice des sujets dominants, selon la région où se trouve son utilisateur : les tendances. Ces tendances sont généralement précédées d'un « # » qui permet des recherches groupées. Il suffit de consulter le classement mondial pendant quelques jours pour comprendre à quel point les BTS imposent leur marque sur Twitter. Nul besoin en effet de s'intéresser au groupe pour constater qu'il occupe très régulièrement le haut du classement. Rien qu'en 2018, plus de 100 millions de hashtags concernaient les BTS et plusieurs d'entre eux étaient installés à la première place des tendances mondiales. La somme monumentale d'argent qu'il aurait fallu dépenser pour une telle publicité est tout bonnement inimaginable. Or avec Twitter il est possible d'obtenir une telle présence sans dépenser le moindre sou, juste grâce à la passion des fans et au poids des fandoms.

Le classement des tendances sur Twitter est donc l'outil le plus accessible, le plus efficace – et parfaitement gratuit – pour les ARMY. Tous les événements qui peuvent être utiles à la promotion du groupe, tels que la sortie d'un nouvel album, la participation à une remise de prix ou à une émission de télévision, l'anniversaire d'un membre du groupe, etc., sont postés avec un hashtag spécifique pour les hisser en tête des tendances mondiales. Cette pratique appartient à la culture intrinsèque des ARMY. Par exemple, à l'approche d'un événement du groupe, les ARMY postent massivement des tweets avec le hashtag #BTSiscoming, accompagnés d'une vidéo annonçant l'événement et d'informations diverses sur l'album, attirant de la sorte l'attention des médias et des utilisateurs de Twitter. De fait, aujourd'hui, l'information arrive plus tôt et est partagée plus massivement sur les réseaux que dans les médias, et Twitter offre donc un formidable espace de publicité immédiate.

Il est intéressant de noter que, pour les ARMY, il est trois fois plus difficile d'atteindre la première place dans le classement coréen que dans le classement mondial. Le fonctionnement de Twitter, à savoir des utilisateurs anonymes suivant des sujets selon leurs centres d'intérêt, en fait un véritable foyer pour toutes sortes de geeks et de fans, de la politique à l'animation, en passant bien entendu par les idoles. Dans le cas spécifique de la Corée, celles-ci occupent un pan majeur de Twitter et le classement national voit souvent dans ses premières places des hashtags lancés par les fandoms. La tendance coréenne sur Twitter pullule donc de hashtags postés par les fans dans une véritable compétition interne permanente. Ici, on peut imaginer la difficulté des ARMY coréens car, pour figurer au sommet, il faut une explosion des mêmes mots-clés sur un temps très court. En revanche, pour le classement mondial, les ARMY pouvant poster le même hashtag tous en même temps, il est relativement aisé d'occuper la première place. D'autres fandoms ayant la même stratégie occupent également souvent les meilleures places, ce qui démontre la passion des fans de K-pop. Quand un fandom rassemble un nombre considérable de personnes – voire un nombre considérable de fans extrêmement motivés –, atteindre la première place des tendances mondiales est tout à fait réalisable.

Malgré tout, les ARMY montrent là aussi une certaine différence par rapport aux autres fandoms. Il arrive par exemple que vous tombiez sur un tweet lié à BTS pour une tendance qui lui est totalement étrangère. Un exemple : en cliquant sur le hashtag #MondayMotivation, qui figure tous les lundis en tête du classement, vous croisez des tweets qui recommandent d'écouter la musique de BTS – incluant les liens – pour surmonter l'ennui du début de semaine. C'est là une stratégie classique utilisée par les ARMY pour faire connaître les BTS à ceux qui les ignoraient jusqu'alors. En 2019, sous le hashtag #Presidentsday – un mot-clé lié à la commémoration du premier président des États-Unis d'Amérique –, il était largement plus question de RM (de son vrai nom, Kim Namjoon), membre de BTS, que des présidents étasuniens, au point que de nombreux utilisateurs s'amusaient à dire qu'il avait kidnappé le hashtag présidentiel. Pourquoi cela ? Parce que RM, avec les autres BTS, avait été invité à prononcer un discours aux Nations Unies et que les fans avaient plaisanté sur les réseaux, disant qu'il allait devenir le prochain président des États-Unis (pendant leur tournée de 2018 en Amérique et en Europe, des banderoles avaient fleuri, proclamant : « US President KIM Namjoon » ou « Prime Minister KIM Namjoon »). Cette plaisanterie est devenue un jeu, une parodie qui a submergé les hashtags du President Day, et de nombreux utilisateurs de Twitter qui, ce jour-là, s'étaient aventurés sur le hashtag présidentiel, ont dû subir la propagande joyeuse qui assurait que Kim Namjoon, membre de BTS, avait toutes les qualités requises pour devenir leur prochain président.

Campagnes de threads

Tout ceci pourrait laisser penser que les fans perdent leur temps sur Twitter en se gavant des appâts jetés par le groupe ; pourtant, il n'en est rien. Twitter est pour les ARMY une sorte de camp de base à partir duquel ils construisent leur progression vers les médias conventionnels. Quand ils parlent de BTS, les médias tirent les grandes lignes de leurs articles de la consultation des publications tweetées par les ARMY. En effet, les activités des ARMY sur Twitter sont aussi riches que diverses : promotion, diffusion d'informations, création de contenus à destination des fans, partages, etc. Parmi celles-ci, la promotion via les « threads » est sans doute leur usage le plus pédagogique. Twitter ayant limité les publications d'abord à 140 puis à 280 caractères, les tweets les plus partagés sont les textes les plus brefs et percutants. Mais pour autant, cela n'empêche pas un discours riche et développé. En enchaînant plusieurs tweets le long d'un même fil, il est tout à fait possible de discuter longuement de sujets sérieux. Et les ARMY se servent toujours activement de ces fils de discussion – threads – pour informer le public intéressé par BTS.

Quand des non-initiés tweetent leur début d'intérêt à l'égard de BTS – par exemple suite à un talk-show ou à une cérémonie de remise de prix –, il est quasi sûr qu'un ARMY postera en commentaire une présentation du groupe : la musique de BTS classée par genre (ballades, hip-hop, R'n'B...) et accompagnée de liens vers des clips vidéo ou du streaming. Il y expliquera aussi l'importance du message de BTS, son impact social, le rôle des fandoms dans la société, etc. Le tout toujours classé par catégorie et accompagné de liens. Dans le souci de ne pas gêner ceux à qui sont adressés ces threads, il ajoutera aimablement qu'il est possible de ne sélectionner et lire que la partie de son choix. Les ARMY ne sont pas le seul fandom à utiliser les fils de discussion pour promouvoir leur groupe fétiche, mais ils se distinguent radicalement des autres fandoms par la richesse de ce qu'ils présentent.

Recording Academy, organisateur des Grammy Awards, avait un jour posté cette question : « Quel album a changé votre vie ? » D'innombrables fans de centaines d'artistes ont répondu. Certains, qui citaient BTS, se sont vu opposer des commentaires – sans doute postés par les fans de musiques plus américaines, rock ou folk – tels que : « Soyez sérieux, nous parlons de musique, là. » Piqués par ces remarques, les ARMY ont répliqué en masse. Ils ont partagé leurs témoignages sur la façon dont la musique de BTS avait changé leur vie. Ce tweet de la Recording Academy est devenu un phénomène, qui a totalisé deux fois plus de commentaires que de retweets. Le plus frappant, dans ces commentaires, c'était que les ARMY semblaient réellement avoir beaucoup à dire. Par rapport aux autres fans qui se contentaient le plus souvent de citer le titre d'une chanson ou d'expliquer rapidement pourquoi ils avaient choisi ce titre, voire d'une photographie ou d'un lien, les réponses des ARMY reprenaient chaque parole et chaque message de la musique de BTS et exposaient dans le détail comment ces chansons avaient concrètement changé leur vie.

De toute l'histoire des fandoms, les ARMY sont ceux qui ont le plus à dire sur leurs artistes. D'ailleurs, la première raison pour laquelle les autres fans – tant coréens qu'étrangers – détestent à ce point les ARMY est sans doute que ces derniers attribuent trop de sens à la musique et aux messages des BTS, ou qu'ils les interprètent de façon très exagérée. La plupart des autres fandoms et le public ayant lu ce thread sur le tweet des Grammy ont réagi en retournant la question : les BTS étaient-ils les seuls dont les paroles des chansons véhiculaient des messages ? Tous étaient dans le même cas ! Pourquoi s'agiter de la sorte comme si ce groupe était seul et unique en son genre ? Et il est vrai que, d'un point de vue extérieur, les fans de BTS en font trop et semblent parfois appartenir à une secte vouée au culte de leurs idoles.

Qu'il s'agisse d'une culture supposée « raffinée » ou d'une culture dite « populaire », d'innombrables artistes ont porté des messages contre les régimes en place ou la société dans laquelle ils vivaient. Il est possible de dire cela des Beatles, de Seo Tae-ji[1] ou des Pink Floyd. En y réfléchissant, ce qui fait que ces artistes ont marqué leur époque n'était pas tant une question de message nouveau, mais plutôt une question de timing. Leur message résonnait profondément avec l'attente du public à ce moment-là. Il existe un dicton au sein des ARMY qui dit : « Vous avez rencontré les BTS au moment où vous en aviez le plus besoin dans votre vie. » Pardon de me répéter mais j'insiste, une question de timing : à quelle étape de sa vie chacun a rencontré le groupe et à quel point sa musique correspond à la sensibilité actuelle de notre

1. Seo Tae-ji est un chanteur et musicien sud-coréen qui a formé, dans les années 1990, un groupe fortement politisé à travers ses chansons dénonçant le système éducatif ou traitant de la fugue des jeunes, par exemple. *(N.d.T.)*

époque, telles sont les clés qui expliquent le phénomène des icônes aujourd'hui. Si vous me demandiez en quoi les BTS sont si particuliers et pourquoi nous devrions leur prêter autant attention, en tant que chercheuse dans le domaine de la culture et du divertissement, je vous répondrais probablement que ces réactions excessives qui perdurent collectivement forment un phénomène en soi, qui à lui seul mérite d'être étudié. Car nous vivons à l'ère postmoderne où chaque phénomène engendre une série d'autres phénomènes.

Était-ce dû à ce déluge de témoignages des ARMY ? Toujours est-il que, quelques mois plus tard, la Recording Academy, institution conservatrice au point d'être régulièrement raillée sous le nom de « White Grammy », a invité les BTS au Grammy Museum pour une conférence de presse en présence d'autres musiciens. Soumis par l'académie à une avalanche de questions pointues en matière de musique, les BTS ont répondu de façon tout aussi pointue et réfléchie, faisant forte impression aux organisateurs. Et, en février 2019, les BTS devenaient les premiers artistes asiatiques récompensés aux Grammy Awards.

Le streaming, c'est bien. Les albums, c'est mieux

Nous sommes à l'ère du streaming. Désormais, sur le marché mondial de la musique, le nombre de personnes qui consomment de la musique via des services de streaming – comme Spotify – est nettement supérieur à celui des acheteurs de CD ou de ceux qui téléchargent la musique sur des plateformes. L'environnement des médias se modifiant, les modes de consommation de la musique ont eux aussi changé. Dans le classement mondial du streaming publié par Spotify en 2018, BTS se situait généralement entre la troisième et la cinquième place, sauf à l'occasion d'événements ponctuels importants tels que la présence du groupe dans un talk-show célèbre ou une remise de récompense. Quant au classement général, incluant aussi bien les artistes solos que les groupes, BTS figurait seulement en quinzième position. Les mégastars du streaming étaient principalement des chanteurs de pop grand public : Drake, Ariana Grande, Maroon 5 ou Post Malone. Il est normal que les gens se sentent proches de chanteurs qui sont diffusés sans cesse sur toutes les radios, sur toutes les chaînes de télévision et jusque dans les centres commerciaux. Pour les BTS, quasi absents de la diffusion de masse aux États-Unis, il est difficile de toucher un tel public. Quelle que soit la puissance d'un fandom, il ne peut guère rivaliser avec le flot quotidien des diffuseurs.

Cependant, le groupe est parvenu à se hisser en deuxième position dans le Global Music Report 2018. Ce classement mondial, établi par l'International Federation of the Phonographic Industry (IFPI) représente les intérêts de plus de 1 300 maisons de disques dans 57 pays à travers le monde et regroupe divers indicateurs du marché mondial du disque, y compris les ventes numériques, celles d'albums physiques, le nombre de streamings et celui des vues de clips vidéo. Bref, un classement complet de notoriété. Première place pour Drake, deuxième place pour BTS. À la surprise générale, venaient derrière les noms les plus fameux : Ed Sheeran, Eminem, Queen, Ariana Grande, Lady Gaga, etc. Des références à la fois en popularité et en talent. À une époque où domine l'écoute en streaming, ce classement paraît stupéfiant. Comment l'expliquer ?

La réponse est on ne peut plus simple : l'achat massif des disques par les fans. Combatifs à l'extrême, ils ont acheté les albums physiques ou à télécharger pour compenser la faiblesse du streaming comparé à ceux d'autres stars occidentales. À mesure que passait l'ère du CD, le Billboard a commencé à utiliser une méthode de calcul permettant de convertir le nombre de streamings et de téléchargements en ventes d'albums. Par exemple, dix téléchargements de la même piste équivalent à la vente d'un CD. En streaming, ce nombre s'élève à 1 250 écoutes ou vues (payantes à partir d'un compte payant). C'est ici que les achats des ARMY se sont démarqués des concurrents. Eux ont acheté leur musique pour faire grimper les compteurs en faveur de leur groupe. Ainsi acquéraient-ils plusieurs exemplaires des différentes versions du CD, comme ils pouvaient aussi payer plusieurs téléchargements du même morceau lors de la sortie d'une nouveauté. Par conséquent, BTS s'est retrouvé en deuxième position des ventes mondiales de disques en 2018. À chaque nouvelle apparition du groupe, le nombre de ventes physiques grimpait immédiatement à plusieurs millions d'exemplaires et le nombre de téléchargements était écrasant (selon iTunes, dès leur sortie, les chansons de BTS arrivaient en tête des ventes dans plus de 80 pays).

Face à cet engouement pour les achats de CD, les distributeurs de musique se sont brusquement réveillés. Des articles sont parus, analysant pourquoi les ventes de CD, tombés en désuétude, soudain renaissaient – grâce à BTS. Encouragés par la demande des fans, les distributeurs, tels que Target, Wal-Mart et HMV, ont même installé dans leurs magasins des rayons dédiés aux albums de BTS. Quant à Amazon, le plus grand site de vente en ligne aux États-Unis, après avoir constaté le nombre de ventes réalisées par BTS, il s'est associé à la Recording Industry Association of Korea afin de devenir distributeur officiel des disques de K-pop. Pour le marché du disque, voir repartir les ventes de CD et les téléchargements était tout bonnement inespéré.

Comme nous l'avons vu, derrière ce phénomène se trouvent indiscutablement les efforts des ARMY pour compenser le retard de BTS sur le streaming et hisser le groupe en tête des classements. En même temps, il s'agit là d'une des caractéristiques de la culture K-pop : c'est en bonne partie le marketing qui pousse les fans de K-pop à acheter massivement des CD. *Love Yourself* est sorti en trois versions, *Map of the Soul : Persona* en quatre versions. Chaque fois elles diffèrent à peine les unes des autres : l'illustration sur le boîtier, le jeu de photographies inclus dans l'album, etc., mais sans réel changement quant aux chansons. De plus, chaque CD contient une photographie d'un des membres du groupe, ce qui incite les fans à en acheter plusieurs. Certains échangent ces photographies mais d'autres préfèrent acheter autant d'exemplaires que le groupe compte de membres, à savoir sept fois le même disque pour une collection complète. Il peut aussi arriver que des fans multiplient les achats dans l'espoir de remporter une invitation à l'une des rencontres signatures entre le groupe et ses fans comme il s'en tient généralement à la sortie d'un nouvel album (le CD contient un formulaire pour participer au tirage au sort qui déterminera les membres invités à la rencontre). Les plus fans d'entre tous vont parfois même jusqu'à acheter des centaines d'exemplaires pour gagner une telle invitation. Pour résumer, disons que la ruée sur les CD tout comme la croissance des téléchargements sont à la fois typiques de la culture K-pop – pratiques maximisées par le marketing – et liées à la volonté militante des ARMY.

L'album *Map of the Soul : Persona*, sorti en 2019, est le troisième album de BTS à se placer au sommet du Top 200 du Billboard, ce qui fait de BTS le premier groupe depuis les Beatles à figurer trois fois de suite en tête du classement. Cet exploit établi en l'espace de onze mois est même légèrement supérieur au record établi par les Beatles avec la série *Anthology*, à la fin des années 1990. Sur les 230 000 albums vendus la première semaine, 196 000 provenaient de disques physiques. Était-ce bien grâce à leur succès que les records succédaient aux records ? Toujours est-il que face à ce raz-de-marée les médias occidentaux ont publié des articles visant à dévaloriser insidieusement leur exploit. Le *New York Times*, par exemple, a écrit que le chiffre incroyable des 196 000 exemplaires vendus était certainement dû à des stratégies marketing, comme la parution d'un album en quatre versions pour les collectionneurs, sachant qu'il arrivait parfois qu'un album au plus haut du classement ne totalise que 500 ventes physiques[1]. Certes, il est indéniable que le marketing, comme nous l'avons vu, encourage ces achats multiples. Pour autant, l'article ne peut échapper à la critique du « deux poids, deux mesures ». En effet, la vente d'albums sous forme de package comprenant un cadeau en plus du disque, ou un ticket de concert pour une tournée, est largement pratiquée par les majors étasuniennes. Ainsi la critique des fans disant que cet article oubliait les pratiques similaires existant depuis des années pour ne pointer du doigt que BTS était-elle parfaitement recevable. Plus amusant : après avoir constaté les ventes vertigineuses de BTS, nombre d'artistes occidentaux se sont mis à leur tour à sortir différentes versions de leur album. Le septième album de Taylor Swift, *Lover*, est ainsi sorti en quatre versions, avec la

1. « BTS Lands a Third No 1 on the Album Chart in Less Than a Year, *New York Times*, 2019/04/22 : https//www.nyimes.com/2019/04/22/arts/music/bts-map-of-the-soul-persona-bllboard-chart.html

participation de Stella McCartney pour le design. Ce dont les médias ne se sont guère émus.

La conquête des ondes

Le Billboard publie chaque semaine des dizaines de classements. Leur particularité est qu'ils ne prennent en compte les streamings, téléchargements, achats d'albums, sélections radio et vues sur YouTube que depuis le sol étasunien. En d'autres termes, il faut que des consommateurs étasuniens écoutent et achètent leur musique pour qu'elle accède à ces classements de référence. Parmi tous ceux-ci, le Hot 100, pour les singles, et le Hot 200, pour les albums, sont les plus convoités.

Figure 4. Présentation sur leur site internet de BTSX50States, l'association des fanbases de BTS qui couvre les 50 États d'Amérique.

Parfois le public coréen apprend que l'un de ses chanteurs nationaux est entré dans les classements du Billboard, mais les articles oublient généralement de préciser qu'il s'agit là de classements réservés aux musiques non anglophones. Jusqu'à présent, seuls deux artistes coréens ont obtenu une reconnaissance significative à l'étranger, Psy et BTS. Le *Gangnam Style* de Psy est resté 31 semaines dans le Hot 100. Ses deux singles suivants, quoique moins remarqués, ont aussi figuré dans le Hot 100. Quant à BTS, *DNA* est resté 4 semaines consécutives dans le Hot 100 et *Mic Drop Remix* 10 semaines consécutives. L'album *Love Yourself* figurait toujours dans le Billboard 200 plus d'une année après sa sortie. *Gangnam Style*, bénéficiant d'un fantastique bouche-à-oreille, a enregistré un nombre de vues sans précédent sur YouTube et a touché un public mondial. Mais il n'a jamais atteint que la deuxième place au Billboard. Avec un tel succès dans le monde entier, comment expliquer qu'il ne se soit pas classé au moins une fois premier ? Si Psy est resté sur la deuxième marche, c'est à cause de son nombre de sélections radio. Il a toujours été dépassé par des artistes anglophones en matière de diffusion radiophonique, laquelle joue un rôle majeur dans le calcul du Hot 100. Aux États-Unis, la programmation des radios est un obstacle majeur pour la musique non anglophone.

BTSX50States est une alliance de sites web de fans de BTS dans les cinquante États d'Amérique. Elle a mené toute une série d'actions – campagnes sur les radios, auprès du grand public, publicités, événements ponctuels… – visant à promouvoir le groupe aux quatre coins du pays. Sans même compter sa part majeure dans le classement du Billboard, la radio est un média d'influence absolument essentiel aux États-Unis. Les fans ont compris qu'ils devaient rassembler leurs forces pour dépasser cette frontière-mur. Les ARMY des États de l'Ouest, du Sud-Est, du Sud-Ouest, du Midwest et du Nord-Est se sont affiliés à l'organisation BTSX50States et ont commencé à étudier minutieusement le maillage des stations de leur région. Ils ont établi des listes de radios par ordre d'importance pour l'audience et pour le classement Billboard et ont mis en place un vaste démarchage direct des DJ. Lorsqu'ils appelaient les DJ, ils notaient scrupuleusement lesquels connaissaient déjà le groupe et lesquels en ignoraient tout. Après quoi, ils ont préparé des présentations de BTS optimisées selon chaque cas et les ont envoyées.

« Je ne sais pas si quelqu'un va traduire ce texte, mais par avance, je tiens à exprimer un GRAND REMERCIEMENT à K-ARMY. Je suis dans une équipe de promotion de la musique de BTS auprès des diffuseurs américains et je suis chargée de la région sud-est. Cet intitulé peut paraître prétentieux, je me permets donc de préciser que c'est en réalité très important pour moi. La semaine dernière, j'ai passé entre seize et vingt heures par jour à recenser toutes les stations de radio locales de la région sud-est. Entre mes recherches, j'envoyais des e-mails aux radios, je les appelais et je tweetais également dans ce sens.

I don't know if anyone will translate this, but I want to say BIG THANKS to K-ARMYs. I'm in a team for promoting BTS' music to radio stations in the United States, and I am in charge of Southeastern US. It might sound like I'm bluffing, but let me explain something that's important to me. Last week, I had been spending 16 to 20 hours per day to do research on every local radio station in the Southeast region. And in between everything, I emailed, called and tweeted to those stations. But it was extremely hard because I was ignored. And today, I received a list of all the official radio stations that have votes for the Billboard Top100 chart, and 90% of stations that I have contacted so far are not in there. And I had to start all over again. The whole week of effort was in vain. I literally cried for two hours.

I am tired, sick, and completely deprived of sleep. But someone sent me a Korean translation of an article about BTS songs played on San Francisco and Chicago radio stations. You will never know how moved I was, reading all the comments and praises. Seeing all those ARMYs encouraged me so much that I can start this once again. I can do it for our BTS. Love you, K-diamonds, and BTS!! Thank you again for cheering me up. ♥

Figure 5. Texte d'une ARMY promotrice de BTS auprès des radios américaines.

Mais la tâche a été extrêmement compliquée. En général, on préférait m'ignorer. Aujourd'hui, j'ai reçu la liste officielle des radios qui ont le droit de vote pour le Top 100 du Billboard. 90 % des radios que j'ai recensées et que j'ai contactées ces derniers jours ne figurent pas sur la liste. Il va me falloir tout recommencer... Tous mes efforts d'une semaine sont vains. J'ai pleuré pendant deux heures.

Je suis épuisée, malade et je manque de sommeil. Et là, quelqu'un m'a envoyé la traduction d'un article de la presse coréenne sur les chansons qu'on a entendues à la radio à San Francisco et à Chicago. Vous ne pouvez pas imaginer combien j'ai été touchée en lisant ces nombreux commentaires d'encouragement et de reconnaissance. Ces ARMY me donnent de la force, ils me redonnent le courage de tout reprendre. Je peux le faire pour nos BTS. Je vous aime, K-Diamonds, et BTS !! Je vous remercie encore de m'avoir donné cette force. »

Le texte (fig. 5), écrit par une membre des ARMY étasuniens, et traduit, s'est mis à circuler parmi les ARMY de Corée et a soulevé une vague d'émotion. Au tout début de cette aventure, lorsque les équipes des ARMY contactaient les radios locales, il était fréquent qu'on leur oppose une fin de non-recevoir. Ou bien elles attendaient des heures durant, collées à leur radio, qu'un DJ tienne sa promesse de passer la chanson demandée. Et parfois il leur fallait aussi encaisser des réponses humiliantes, comme : « Désolés, nous ne passons que des vraies chansons. » Mais dès le départ les fans savaient ce qui les attendait, que ce serait difficile, que leur tâche serait souvent ingrate. « Je ne pouvais rien y faire, c'était comme ça. Alors je me suis dit : "Tu n'as qu'à te mettre dans la peau d'un téléconseiller", et j'ai repris mes appels. » Lors d'un vide-grenier, un ARMY a même vu un animateur revendre un CD de promotion qu'il avait reçu peu avant. Ce mépris a blessé les fans pendant de longues années, pourtant ils ont continué à frapper à la porte des radios, sans jamais se décourager.

Enfin, leurs efforts ont commencé à payer. Des DJ se sont montrés intéressés. Parmi eux, certains qui suivaient le travail des ARMY depuis des années se sont transformés en partisans enthousiastes du groupe, voire ont rejoint les ARMY. Et c'est le tweet d'un DJ devenu ARMY qui sera à l'origine de l'invitation des BTS au célèbre talk-show « The Ellen DeGeneres Show », en 2017[1].

« J'ai appris que le producteur du "Ellen Show" était un fan des L.A. Kings, l'équipe de hockey. Via Twitter, je lui ai envoyé un message : "Les L.A. Kings veulent voir les BTS dans votre show !" Le producteur a montré le message à un joueur des L.A. Kings et celui-ci a répondu : "Donnez aux enfants ce qu'ils veulent." »

Exactement une semaine après la cérémonie des AMA (American Music Awards), les BTS ont fait une

1. Concernant les actions des ARMY auprès des radios américaines, voir Woo Chang-dong, « Catching Fire : Grassroot Campaign That Sold BTS to Mainstream America », *Yonhap Press*, 22 décembre 2017 : http://en.yna.co.kr/view/AEN20171222003200315

apparition dans « The Ellen DeGeneres Show », puis dans « Jimmy Kimmel Live ! » et dans « The Late Late Show with James Corden », marquant ainsi de leur présence les trois principaux talk-shows des trois plus importantes chaînes de télévision étasuniennes.

Grâce aux efforts des ARMY et aux apparitions télévisées des BTS, le groupe a augmenté son audience et ses chansons se sont mises à passer plus régulièrement sur les radios. Or, dès qu'ils entendaient une radio diffuser l'une des chansons de BTS, les ARMY envoyaient un message aux DJ qui recevaient ainsi de très nombreuses vidéos de fans applaudissant en voiture, à la maison, à l'école, écoutant les chansons de leur groupe bien-aimé. De sorte que les programmateurs ont fini par réaliser que les BTS avaient un vrai public et ont passé plus souvent leur musique.

Le succès de la campagne menée par BTSX50States repose sur l'approche respectueuse et humaine que l'alliance a eue vis-à-vis des DJ locaux. Lorsque les fans demandaient le passage d'une chanson, ils s'adressaient aux DJ avec courtoisie et fournissaient des renseignements sur chaque morceau, établissant de bons rapports avec les staffs des radios. Au lieu de se contenter d'envoyer leurs demandes, ils ne manquaient jamais de faire savoir aux DJ qu'ils étaient de fidèles auditeurs de leur radio, et continuaient de leur faire parvenir vidéos et photos. Les DJ qui passaient une fois BTS recevaient de la part des fans de leur région un bouquet de fleurs ou un gâteau, accompagné d'un petit mot de remerciement. Aux

États-Unis, mais aussi au Japon, en France, en Allemagne et au Royaume-Uni, des DJ ont reçu des colis envoyés par des ARMY avec les mêmes lettres de remerciement. Lorsqu'un DJ ayant noué des liens avec un fandom local quittait la radio, les ARMY lui faisaient parvenir un cadeau avec un mot lui souhaitant bonne chance pour l'avenir. Les DJ étaient stupéfaits du comportement absolument unique de ces fans. Au cours de leur carrière ils en avaient rencontré pas mal, mais les ARMY étaient différents. Personnellement, j'ai tendance à penser que toutes ces démarches courtoises s'expliquent par la présence, dans l'administration de la majorité des fanbases, de femmes adultes et qui travaillent. Les trentenaires et quadragénaires de sexe féminin ont joué un rôle essentiel dans le cadre du BTSX50State, comme dans la plupart des fanbases à l'étranger, du reste. Grâce à l'expérience et aux compétences acquises dans leur carrière, elles ont pu aider les plus jeunes à organiser des projets à grande échelle et les ont guidés en douceur dans l'approche qui convenait vis-à-vis des personnes influentes de l'industrie musicale.

En 2019, le jour de la sortie de l'album *Map of the Soul : Persona*, les radios étasuniennes ont passé 850 fois la chanson *Boy With Luv*. 6,5 millions d'auditeurs ont ainsi écouté ce titre, le propulsant en quelques heures à la 41e place du classement Pop Radio Airplay, pourtant considéré comme le plus conservateur. Un mois plus tard, la même chanson occupait la 20e place du même classement, ce qui témoigne de la percée réalisée par BTS auprès du public américain. C'était l'aboutissement de longues années de labeur pour les ARMY, la récompense de leur dévouement.

De la K-pop à la BTS-pop

Le *Urban Dictionary*, fameux répertoire de néologismes, définit le nouveau terme de « BTS-pop » comme suit : les fans de BTS-pop sont ceux qui, parmi tous les groupes de K-pop, écoutent exclusivement la musique de BTS et n'aiment que BTS. Si vous n'aimez que BTS, vous n'êtes pas fan de K-pop mais fan de BTS-pop.

En 2018, le groupe BTS a achevé de s'ancrer solidement dans le flux musical occidental. Pour expliquer l'apparition du météore BTS pulvérisant d'un coup l'industrie mondiale de la musique, tous les médias, coréens comme étrangers, mettent en avant un fait : l'expansion préalable dans le monde du phénomène de la K-pop. À première vue, cette idée ne paraît pas étrange. Pourtant, quand on y réfléchit, vouloir expliquer le phénomène BTS par l'expansion de la K-pop n'est pas d'une logique flagrante. Pour que cette thèse tienne, il faudrait qu'au moins un des deux arguments fonctionne, soit que BTS = K-pop, soit que d'autres groupes de K-pop se soient durablement imposés en Occident.

Il est indéniable que le groupe BTS est né sur le même sol que la K-pop, mais appartient-il véritablement à ce genre musical ? La K-pop, c'est un lot, une combinaison d'éléments : performances, chant, rap, visuels, récits, etc. De fait, les artistes de K-pop n'ont pas en commun un même style musical et BTS n'est en aucun cas représentatif de toute la K-pop. Ce qui explique pourquoi un fan de BTS peut parfaitement se désintéresser de la K-pop. Vous pouvez aimer Eminem sans forcément être fan de Drake, n'est-ce pas ? Je veux dire, ce n'est pas parce que BTS a réussi en Occident que tous les groupes de K-pop y ont également réussi. Selon moi, c'est un point de vue erroné que de mettre sur le même plan la K-pop et BTS. Quand on parle des performances exceptionnelles de Beyoncé, rien ne nous oblige à mentionner également Madonna, quand bien même les performances de celle-ci pourraient rivaliser avec celles de Beyoncé. Nul ne prétendra non plus que le succès de cette dernière s'explique par le succès préalable de Madonna. Il est naturel de vouloir donner un contexte chronologique à un domaine dont on serait peu familier, mais ça ne tient pas debout. Et puisque personne ne s'avancerait à expliquer le succès de Beyoncé par celui de Madonna, pourquoi s'acharner à vouloir expliquer BTS par la K-pop ? La réalité, c'est que cette tendance à vouloir écrire BTS = K-pop répond à un besoin de simplification devant un monde inconnu, et relève tout bonnement d'un certain orientalisme.

Maintenant, l'autre question : est-ce que d'autres groupes de K-pop ont réussi à s'implanter aussi solidement sur la scène musicale d'Occident ? BTS est un des rares groupes au monde – et le seul en Corée – capables de remplir les plus grands stades de la planète lors d'une tournée mondiale, le seul capable de vendre 70 000 billets deux heures après leur mise en ligne. Jusqu'à aujourd'hui, aucun artiste de K-pop n'a pu se mesurer à BTS en termes de vente de billets pour ses concerts, pas plus qu'en vente d'albums ou de records au Billboard. Selon les statistiques fournies par Google, depuis 2016 le nombre de recherches concernant BTS dépasse de très loin celles sur la K-pop. Alors non, la popularité de BTS en Occident n'est pas due à la K-pop.

Mais la raison profonde pour laquelle les fans de BTS veulent enlever l'étiquette K-pop du succès de leur groupe, ce sont les préjugés qui entourent toujours la K-pop en Occident. La musique qui a fait la plus forte impression sur le public occidental en tant que K-pop (laissons de côté le débat de savoir si c'était ou non de la K-pop) est sans doute le *Gangnam Style* de Psy, avec son rythme addictif et sa chorégraphie déjantée plutôt amusante. Dans ce cas, typiquement, la K-pop est conçue comme « un genre visuel où la performance l'emporte sur la musicalité », ou encore, a-t-on pu lire, « une musique peu sérieuse et qui manque de qualités musicales ». Dès que les médias se sont mis à parler de BTS, le point auquel les fans ont porté le plus d'attention était cette tendance de la presse à enfermer le groupe dans la catégorie K-pop, comme l'ont fait par exemple le *Guardian* ou le *New Yorker*, provoquant la colère des fans. Car pour ces derniers, si BTS est bel et bien né sur le sol de la K-pop, c'est un groupe qui ne peut être appréhendé à partir des idées préconçues attachées à cette musique. Les fans refusent que BTS soit réduit à ce cliché de « groupe d'idoles fabriquées dans l'industrie du disque par une méga-agence et qui chantent des chansons d'amour légères et douces ciblant un public de jeunes adolescentes ». Tous les ARMY ont souffert de voir le public occidental coller aux BTS l'étiquette de la K-pop avec tous les préjugés qu'elle véhicule, avant même d'essayer de reconnaître à leur juste valeur leur musique, écrite et produite par eux-mêmes, et traitant de sujets aussi variés que profonds, tels que l'éducation, les conflits de générations, la dépression ou l'estime de soi. Les ARMY le disent sans cesse : « Les BTS ont exploré leur propre genre, pas celui de la K-pop. »

Les fans ont exprimé leur irritation face à l'usage systématique par la presse de « K-pop » comme équivalent à « BTS ». Quand en 2018 le groupe a vendu en un temps record tous les billets de sa tournée nord-américaine *Love Yourself*, un article est paru sous le titre : « La K-pop démontre sa puissance commerciale ». En commentaire, un fan amer a posté : « Je me demande ce qu'ils diront quand un chanteur de hip-hop US donnera un concert ici : “Le hip-hop démontre sa puissance commerciale”, sans doute ? » Quelques journalistes qui avaient commencé à s'intéresser à la K-pop avant l'apparition de BTS ont aussi fait l'objet de critiques par les fans du groupe. Ils leur étaient reconnaissants d'avoir parlé de BTS quand le groupe était encore peu connu, mais d'autres critiques ressortaient. En effet, lorsque BTS est devenu célèbre, certains chroniqueurs se sont mis à parler d'autres groupes de K-pop, comme s'ils cherchaient à consolider la place de la K-pop dans le marché du disque américain en profitant de la popularité de BTS. Et ça ne passait pas du tout auprès des fans. Eux estimaient qu'il y avait un risque pour BTS d'être associé à un essor global de la K-pop, sachant que le public occidental n'avait pas une image très positive de ce mouvement. La frustration des fans a atteint son comble quand certains médias ont cherché à capter le pouvoir d'achat des ARMY pour faire grossir les recettes d'autres groupes de K-pop. En février 2018, le *Billboard Magazine* a sorti un numéro en huit versions, avec huit photos différentes de BTS en couverture (les sept membres et le groupe réuni). Les huit éditions ont été épuisées en un rien de temps. Un an plus tard, en 2019, un girls band de K-pop a fait la couverture du même magazine en cinq versions. Or, bientôt, sur les réseaux sociaux, les plaintes de fans de BTS ont afflué, dénonçant des spams les incitant à acheter ce numéro. Cette anecdote révèle la réalité de l'industrie du disque pour laquelle la K-pop forme une entité unique et ses fans un marché homogène. Y compris lorsque les chroniqueurs de K-pop, eux, font la différence entre chaque artiste.

Afin de protéger BTS des préjugés négatifs attachés à la K-pop et de mettre en avant les particularités et les qualités artistiques de sa musique, les fans n'ont eu de cesse de remettre en cause le qualificatif de « K-pop boys band ». Ils ont d'abord voulu se débarrasser de l'étiquette « K-pop », laissant juste « boys band », et plus récemment ont revendiqué le terme de

« groupe » en lieu et place de ce « boys band » mal connoté. Une façon de dire qu'il est temps de laisser définitivement de côté les préjugés et de considérer la musique de BTS avec tout le sérieux qu'elle mérite. Désormais les médias occidentaux parlent, pour la plupart, de BTS, sans « K-pop » ni « boys band », ce qui constitue pour les fans – qui ont exprimé ce vœu sans relâche – une véritable victoire.

Certains peuvent désapprouver une telle implication des fans dans l'industrie musicale, que ce soit par leurs votes, en achetant des albums ou encore en s'appliquant à assurer la promotion du groupe en ligne comme dans la vie réelle. Mais quand on est le vilain petit canard du marché, il est difficile d'attirer l'attention et de gagner les courants dominants, à moins de pouvoir brandir un bouquet de records. Les fans se sont efforcés de faire de BTS un groupe mainstream, car pour eux c'était l'essence même du groupe : connecter un maximum de monde autour de la musique. Leurs efforts ont porté leurs fruits : les médias les plus influents, tels que *Rolling Stones*, Pitchfork, Recording Academy, se sont mis à publier des articles de fond sur la musique de BTS. Ils emploient aujourd'hui des termes comme « superstars planétaires » ou « princes de la pop » pour parler de BTS. Mais, à y regarder de plus près, le groupe fait toujours l'objet de préjugés raciaux et culturels dans la société occidentale dominante. Quand *Map of the Soul : Persona* a conquis la première place du Billboard 200 pour la troisième fois consécutive, un journaliste du JT étasunien a fait remarquer, avec morgue : « Cette musique, ce ne serait pas un autre bidule électro-pop dans le genre de *Gangnam Style* ? » tandis que le *New York Times* publiait un article fielleux sur la stratégie marketing « astucieuse » de la sortie du disque en quatre versions à collectionner, omettant encore une fois de signaler que les artistes américains recouraient également à toutes sortes d'« astuces » pour vendre leurs disques, tels que billets de concert et cadeaux divers glissés dans les albums.

Les fans soutiennent aveuglément leurs idoles, mais toutes les activités de promotion qu'ils peuvent eux-mêmes déployer, structurer, organiser, ne peuvent être réduites à de simples guerres commerciales. Après tout, ce sont ces mêmes fans qui ont secoué et brisé les préjugés solidement enracinés dans l'industrie musicale, dont elle n'était peut-être même pas consciente, et qui ont changé le cours des choses. À ce sujet, une plaisanterie circule chez les ARMY : « Vous n'avez qu'à sortir les albums, le reste, nous nous en chargeons. » Face aux activités de ces fans méthodiques et passionnés, nombreux sont les artistes qui les envient et qui rêveraient d'avoir un fandom tel que les ARMY. Quelqu'un a dit : « Ces fans sont les promoteurs les plus passionnés et en plus ils ne demandent pas à être payés. » Par leur enthousiasme, par leur capacité à s'organiser, les ARMY n'ont pas seulement surpris le milieu de l'industrie musicale, ils ont aussi touché son cœur. Il est indéniable qu'une grande partie du succès de BTS en Occident leur est due.

4

Diversité du fandom

Un fan est une personne qui a une passion maniaque pour quelque chose ; un fandom est un groupe de personnes ayant en commun cette passion. Une observation attentive de l'objet de leur passion nous révèle les valeurs socioculturelles que partage le fandom. Au début des années 1980, Madonna fait son entrée dans le monde de la pop vêtue peu ou prou de lingerie et arborant une croix chrétienne sur la poitrine. La destruction symbolique par la star de l'image de la femme chaste a enthousiasmé des milliers de gens. Son fandom était essentiellement composé de citadins, d'Hispaniques et de jeunes femmes dont l'identité collective reflétait les valeurs socioculturelles que portait Madonna. Comme les fans de musique country relèvent généralement de la classe conservatrice de l'Amérique rurale, les fans de hard rock et de heavy metal sont plutôt des jeunes hommes « antisystème », etc., les fandoms peuvent, dans une certaine mesure, être distingués par habitus.

Quand vous interrogez les gens pour savoir ce qui caractérise les fandoms de la K-pop, ils répondent généralement en premier lieu : « jeunes adolescentes ». Comme nous l'avons vu, cette association est le stéréotype classique de la K-pop : de jeunes et beaux garçons chantent de tendres mélodies amoureuses et inculquent à leurs fans des fantasmes de relations romantiques (certes, il existe des groupes de K-pop féminins, mais la K-pop gravite essentiellement autour de groupes d'idoles masculins). Or ces stéréotypes tendent à disparaître avec BTS. Lorsque les fans de BTS parlent eux-mêmes de leur fandom, une phrase revient sans cesse : BTS est aimé par tous, quel que soit l'âge, l'origine ou le sexe. Un journaliste de hip-hop qui avait assisté à leur tournée nord-américaine de 2019 avait été stupéfait de découvrir un public plus diversifié que celui auquel il était habitué dans sa partie : « Je peux jurer que j'ai vu plus de Noirs, de Blancs, d'Asiats, de queers et de trans au concert de BTS que je n'aurais pu l'imaginer. En réalité, j'ai vu à ce concert bien plus de gens différents que je n'en ai jamais vu dans des concerts de rap ou dans n'importe quel autre festival de musique auquel je suis allé. Jamais je n'ai vu un stade offrant une telle diversité de personnes de toute ma vie[1]. » Selon

1. Shootyourmark (12 mai 2019) : « I swear I've seen more black, brown, yellow, queer, and trans people at that BTS show than I expected. In fact I've seen more there than I've ever seen at any rap show or music festival I've been to. I've nerver seen a major stadium show that diverse in my little life » [tweet] : http://twitter.com/shootyourmark/status/1127464748751163392

les fans, n'importe qui venant de n'importe où peut trouver une bonne raison d'aimer BTS, et le fandom des ARMY a toujours su accueillir cette diversité. Les ARMY sont convaincus que la tolérance et « l'inclusivité » font la force de leur groupe, et en effet le fandom affiche une distribution démographique tout à fait unique.

Nouvelles typologies des fans

Quand paraissent de nouveaux articles concernant BTS sur les portails coréens, je regarde toujours avec intérêt la distribution par âge et par sexe des commentateurs. Ces derniers temps, j'ai remarqué un nombre plus important de commentaires provenant de femmes ayant entre 30 et 40 ans. Bien entendu, il serait pour le moins hâtif d'en conclure que les fans d'âge moyen constituent la majorité des fans de BTS. Notamment parce que les plus jeunes ont moins tendance à commenter des articles de presse sur les portails, préférant une approche plus ludique sur les communautés en ligne, alors que la plupart des commentaires, ailleurs que chez les ARMY, viennent de jeunes filles entre 10 et 20 ans. Le fandom de BTS offre une distribution par âge relativement équilibrée, disons entre l'adolescence et la quarantaine.

Sur Twitter, je relève souvent des petits récits personnels où les fans mentionnent leurs enfants, leur mari ou encore leur travail, avec par exemple des cadres qui dirigent ou supervisent de plus jeunes collègues ; certaines racontent qu'elles sont devenues fans en suivant leur fille déjà fan de BTS, d'autres confient que leur fille est fan de tel autre groupe et qu'au moment des campagnes de votes s'installe une âpre compétition mère-fille. Certaines écrivent aussi qu'à force de passer en boucle les chansons de BTS elles surprennent leur mari en train de les fredonner, d'autres avouent avoir ouvert un compte Twitter dans le seul but de suivre le groupe. Je me souviens d'une fan qui racontait l'arrivée d'une nouvelle recrue : ayant remarqué sur le bureau de sa collaboratrice un objet lié à BTS, elle avait fait son *deokming out*[1], ce qui avait rendu sa vie professionnelle nettement plus heureuse. Twitter fourmille de témoignages de ce genre, puisés dans leur vie quotidienne et postés par des femmes d'âge moyen. Si vous analysez les données de ces commentaires pour en extraire les mots-clés qu'elles associent à BTS, cela donne quelque chose comme : « influence positive », « passion », « admirables ». Si vous leur demandez pourquoi elles sont devenues ARMY, leurs réponses peuvent varier mais il y a un point qu'elles partagent : BTS leur apporte du réconfort dans une vie globalement atone et épuisante. Certaines confessent qu'en écoutant *Epilogue :Young Forever* elles se rappellent leur belle et folle jeunesse en versant des larmes, tandis que d'autres expliquent qu'en regardant les sept membres du groupe elles souhaitent que leurs

1. *Deokming out* : en coréen, terme utilisé sur internet, mot-valise de *deokhu* (« fan ») et *coming out* désignant l'action de se déclarer publiquement fan de quelqu'un.

enfants grandissent comme eux, sains et attentionnés. D'autres encore témoignent que depuis qu'elles sont devenues fans de BTS elles ont pu avoir pour la première fois une vraie discussion avec leur enfant qui entre dans l'adolescence, ce qui donne à réfléchir sur le rôle de BTS en tant que pont entre les générations.

Il ne faudrait pas croire que les préjugés n'existent qu'en Occident : en Corée aussi, la K-pop est perçue comme appartenant à la sous-culture des jeunes adolescentes. Et là encore les médias ne font que renforcer sans cesse cet a priori. Quand les journalistes filment les fans qui passent la nuit entière à faire la queue pour un concert ou devant un studio d'enregistrement pour apercevoir leurs idoles, ils ne disent pas à haute voix : « Vos parents savent ce que vous faites ici ? », mais leur message est aussi clair. Partout dans le monde, la même antienne. Au point que sur les réseaux des femmes adultes avouent qu'elles aimeraient aller à un concert de BTS mais qu'elles hésitent, de crainte de se sentir mal à l'aise parmi une foule de jeunes filles ou d'être sujettes à des moqueries. Sous ce genre de tweets vous trouverez toujours une centaine de commentaires venant de femmes dans le même cas, une infirmière à la retraite, une mère de trois enfants, une fan quinquagénaire qui partage sa passion avec sa fille de 20 ans… et toutes disent la même chose : BTS a insufflé de l'espoir et du bonheur dans leur vie et seul cela compte.

Dans le paysage culturel occidental, être fan de K-pop attire toujours des railleries, quand une telle passion n'est pas simplement considérée comme une faute de goût ! Néanmoins, résistant à cette pression sociale défavorable, des fans adultes se déclarent publiquement ARMY, donnant leur âge, leur métier, avec des hashtags tels que : #ProudBT-SArmy ou #NoonaSquad[1]. Cet acte en soi est remarquable, il témoigne de la force d'un fandom qui vise à « dépasser les frontières ». PopCrush, média étasunien spécialiste du divertissement, a mené une étude comparative sur les ventes de billets pour les tournées 2018 et 2019 de BTS. En une année, la part de jeunes femmes entre 18 et 24 ans a baissé de 49 à 36 %, tandis qu'augmentait le nombre de femmes plus âgées. Même si les plus jeunes restent majoritaires, leur domination est moindre qu'en 2018 et le fandom tend à s'équilibrer, un phénomène qui ne cesse de s'accélérer.

Ban Si-hyuk, le PDG de Big Hit, label de BTS, a également déclaré dans une interview que le groupe avait plus de fans masculins que les autres fandoms de K-pop. En Corée, sur les réseaux sociaux les plus « masculins », il est extrêmement rare que soient publiés des posts sur des boys bands, et encore moins des soutiens publics. Pourtant, BTS a obtenu une sorte de « droit d'exemption de commentaires malveillants » dans ces communautés. Il semble y avoir consensus sur le fait que le groupe a conquis un tel statut sur la scène internationale qu'il est quasiment perçu comme une équipe sportive nationale. Alors que leur regard à l'égard des fandoms de ce qu'ils

1. En coréen, *noona* signifie « grande sœur ».

appellent « des filles sans cervelle » reste largement méprisant, ces hommes font de BTS un cas à part et ils témoignent du respect pour ces sept garçons qui ont décroché trois fois la place de numéro 1 au Billboard 200. Cette opinion ressemble à un traitement de faveur qui pourrait être qualifié de « nationaliste » ; en somme, la bienveillance ne serait de mise que pour ceux ayant acquis le statut de « représentants du pays » et qui seraient censés démontrer de par le monde l'excellence des Coréens.

À l'étranger, il est plus aisé de trouver des fans masculins ayant un esprit relativement ouvert. J'ai contacté un fan très actif sur Twitter, qui poste sous le nom de « BTS Fanboy ». C'est un jeune homme né au Mexique et vivant aux États-Unis. Selon lui, la part des fans hommes est bien plus importante chez les ARMY que dans les autres fandoms de K-pop. Si ce fait n'est pas si connu, c'est que les fans n'indiquent pas forcément leur sexe. En général, les hommes suivent les groupes féminins tandis que les femmes sont fans de groupes masculins, mais selon cet activiste de Twitter, BTS est le seul boys band qui compterait un grand nombre de fans masculins. En effet, les statistiques sur les comptes qui postent des commentaires, ou qui retweetent des tweets des BTS, montrent une répartition femmes-hommes de 60 %-40 %. D'habitude, les hommes sont réticents à l'égard des boys bands parce qu'ils n'aiment pas les gestes considérés comme régressifs, les « coquetteries » ciblant les fans féminines, ou parce qu'ils disent trouver que les membres en font trop pour « paraître cool ». En revanche, explique BTS Fanboy, les fans masculins de BTS sont généralement des « primo fans », des fans qui soutiennent un groupe de K-pop pour la première fois de leur vie, car ils sont convaincus de leur authenticité et de leur humilité, ce qui donne envie de les suivre. Il ajoute enfin que, en ce qui le concerne, il ne cache jamais son soutien à BTS, non seulement sur son compte de fandom mais aussi sur les autres réseaux sociaux qu'il utilise sous son vrai nom. Dernier point intéressant, il fait remarquer que pour un homme, y compris dans son propre cas, déclarer que l'on est fan de BTS provoque en retour des réponses généralement positives, des « Cool ! », « Génial ! », alors qu'une femme qui agit de même est souvent rabaissée, taxée d'être une « gamine sans cervelle ». Les fans masculins sont d'autant plus à l'honneur qu'ils sont rares, mais les femmes continuent de subir des critiques.

Les préjugés ont la vie dure. Celui qui consiste à dire que les fans sont des jeunes filles passionnées par le look de leurs idoles, des jeunes filles qui n'y connaissent rien en musique, des victimes idiotes exploitées par le marketing ultra-capitaliste de l'industrie du disque, est insultant à plus d'un titre, tant pour ceux qui produisent la musique que pour celles et ceux qui l'écoutent. Il ne fait aucun doute que ces jugements relèvent de la plus classique misogynie, qui prévaut toujours dans notre société. Le mépris envers les goûts des femmes – et tout particulièrement ceux des jeunes filles – est largement répandu en Corée, comme partout dans le monde. Personne ne se moque des hommes fans de football qui dépensent des milliers d'euros pour faire le tour des stades, personne ne critique leur engouement pour les matchs de Premier League ou de tout autre championnat. Mais qu'une fan se rende à l'étranger pour assister au concert de son idole, elle encourt aussitôt mille critiques d'immaturité ou même de bêtise. Pourtant la qualité du goût d'une personne ne dépend ni de son sexe, ni de son âge, ni de sa situation sociale. Lorsque les médias américains critiquaient encore les Beatles, disant qu'ils manquaient d'élégance ou que leur musique était étrange, il y avait longtemps que les adolescentes avaient reconnu leur génie. Que des fans féminines d'âge moyen et des fans masculins deviennent plus visibles dans le fandom de BTS est une preuve de la croissance de leur popularité. Ceci dit, c'est aussi une preuve que les individus commencent à faire reculer, pas après pas mais inexorablement, les préjugés sociaux les plus lourds.

Communauté LGBTQ

Surfant sur la vague YouTube, la K-pop a commencé à se répandre dans le monde entier vers le milieu des années 2000. Or il se trouve que les réactions de YouTubeurs regardant pour la première fois un clip vidéo des BTS ont eu un effet catalyseur au moment de ce décollage. L'immense diversité de ces réactions devant le style exubérant et avant-gardiste de ces clips était en soi largement suffisante pour créer une dynamique et conquérir illico de nouveaux fans.

La communauté gay a été l'une des premières à mettre en scène ces fameuses vidéos de premier visionnage. Les YouTubeurs montraient leur engouement et leur sympathie pour ces chanteurs de K-pop dont ils aimaient le côté stylé, svelte, ces danseurs incroyables, bref, ces personnalités à l'opposé de certains canons masculins standardisés auxquels ils étaient généralement confrontés. Ils ont ainsi adhéré à la K-pop un peu à la façon d'une sous-culture de niche les touchant directement.

Faut-il en conclure que la communauté gay appartient au fandom de BTS par cet aspect de « sous-culture » ? Peut-être, mais pas seulement. Cette communauté ne s'est complètement ouverte à BTS qu'après avoir observé l'attitude des membres du groupe à l'égard des homosexuels. Les BTS n'ont jamais hésité à mettre en avant des artistes LGBTQ ou à dire qu'ils aimaient leur musique. En 2013, avant de débuter au sein de BTS, RM recommandait déjà sur Twitter *Same Love* de Macklemore & Ryan Lewis, précisant qu'il s'agissait d'une chanson sur l'homosexualité et qu'on pouvait l'apprécier sans connaître les paroles, mais qu'elle était encore plus belle quand on lisait le texte. La communauté LGBTQ a réagi avec enthousiasme à ce commentaire posté par un chanteur « idole » qui recommandait un véritable hymne gay. Quelques années plus tard, dans une interview au *Billboard Magazine*, le journaliste rappelait ce tweet à RM et lui demandait son opinion sur les droits des personnes homosexuelles. Il a répondu, réaffirmant son soutien aux minorités sexuelles, qu'il mettait sur le même plan toutes les amours. Suga a affiché une réponse encore plus nette : « Où est le problème ? Nous sommes tous égaux. »

Figure 6. Le « rainbow flag » lors de la tournée parisienne de « 2018 LOVE YOURSELF ».

La sortie de l'album *Love Yourself* a marqué le passage des BTS d'une simple tolérance aux communautés LGBTQ à une véritable proximité positive. Le message porté par *Love Yourself* était clair : vous n'avez pas besoin d'être conforme pour être bien ni pour être beau. Lors de leur discours aux Nations

Unies, les BTS ont parlé explicitement de l'identité sexuelle (ainsi que de l'origine ethnique, l'âge, la religion), encourageant chacun à ne pas se limiter à telle ou telle catégorie mais à s'affirmer soi-même en toute confiance. Ce message a réconforté de nombreuses personnes de toutes origines et de tous âges, mais a touché plus fortement encore les fans LGBTQ. Parmi eux, beaucoup cachaient leur identité sexuelle parce que différente du modèle dominant ; là, ils se sont sentis encouragés à parler d'eux-mêmes en toute confiance. C'est ainsi que s'est créée, par exemple, la Journée des selfies de l'ARMY LGBTQ[1], où les fans ont eu le courage de poster des selfies en guise d'outing.

Les fans LGBTQ expliquent que, s'ils se sentent acceptés par les BTS, c'est d'une part grâce aux messages véhiculés par le groupe, mais aussi à la tolérance dont font preuve les ARMY. Lors de la présentation du World Tour Paris en 2018, un groupe de fans LGBTQ a pris place devant la scène en déployant le célèbre « rainbow flag », symbole des fiertés homosexuelles. Le drapeau était couvert de multiples messages de remerciement écrits à la main (fig. 6) avec au centre ce slogan : « Merci de nous avoir montré pourquoi nous devons nous aimer. » On imagine comme ces fans ont été incroyablement heureux quand chaque membre du groupe s'est appliqué à lire les petits mots sur la banderole tout au long du concert.

1. En anglais, *LGBTQ-dedicated ARMY Selca Day.*

Liens entre les minorités

Comme nous l'avons vu, la K-pop s'est répandue hors de Corée vers le milieu des années 2000. Elle a alors développé des fandoms internationaux qui absorbaient et reproduisaient la popularité des groupes coréens dans les pays asiatiques, en Amérique du Sud et dans les pays arabes, autant de régions qui étaient déjà familières des séries télévisées coréennes ou d'autres éléments de la culture de ce pays. Mais dans le monde occidental, comme en Amérique du Nord ou en Europe, la K-pop restait réservée à quelques geeks aux goûts bizarres (à noter, les manifestations de Comic-Con coïncidaient avec les concerts de K-pop). En revanche, le développement des ARMY dans ces régions a suivi une trajectoire toute particulière. Avant même que les BTS deviennent un groupe de premier plan en Corée, des fans occidentaux se regroupaient en ligne, bien au-delà de la fanbase traditionnelle de la K-pop à l'étranger. En d'autres termes, aux États-Unis comme en Europe, des personnes qui ne savaient rien de la K-pop sont devenues de fervents partisans de BTS, bouleversant la structure standard des fandoms de K-pop.

Comment expliquer ce privilège dont ont joui les BTS dans des zones auparavant si éloignées du public traditionnel de la K-pop, en particulier aux États-Unis où s'est rapidement constitué un puissant fandom ? Il y a certainement là de nombreuses et complexes raisons, mais la plus importante semble être le récit de l'*underdog*. Formés au sein d'un modeste label, les BTS sont passés quasiment inaperçus à leurs débuts ; puis ils ont traversé une période difficile parsemée de rumeurs et de critiques malveillantes. Dans le même temps, les fans découvraient à quel point les membres se faisaient confiance et se soutenaient mutuellement, puis franchissaient les étapes à force de persévérer dans leur musique. Cette opiniâtreté était digne des protagonistes d'une saga triomphale, une pure success story comme en raffolent les Américains. D'ailleurs cette identité d'*underdog* est devenue en quelque sorte l'objet d'identification premier pour les minorités de la société étasunienne, tels les Noirs, les Asiatiques, les Hispaniques, les queers, qui ont constitué la base des ARMY américains. Avec les premiers succès mondiaux de 2017, l'éventail des fans s'est considérablement diversifié, particulièrement aux États-Unis. L'exemple des BTS, se hissant jusqu'au sommet en partant de très bas, leur a permis de se forger une image positive d'eux-mêmes, comprenant qu'ils pouvaient eux aussi réussir en dépit d'un contexte social discriminatoire.

Alex Shibutani, membre de l'équipe nationale américaine de danse sur glace et d'origine japonaise, a souligné l'influence positive des BTS en tant que modèles pour les Asiatiques en Occident : « Leur influence est mondiale. […] La reconnaissance qu'ils reçoivent dans le monde entier est d'une grande importance pour nous, Américains d'origine asiatique. Je sais qu'eux ne sont pas américains d'origine asiatique, mais les voir acceptés et reconnus aux États-Unis et partout dans le monde est une grande source d'inspiration pour nous[1]. »

Tyra Banks, mannequin, présentatrice à la télévision mais également fervente admiratrice des BTS, a souligné l'importance pour la jeune génération de grandir dans un environnement aux représentations diversifiées : « Je pense que vous devez pouvoir voir tout le monde représenté… et que les jeunes filles [en regardant les BTS] puissent se dire : “Oh mon Dieu ! Je les aime !” est politiquement, socialement et spirituellement super fort[2]. »

Pour consolider son statut de star noire au cours d'une longue carrière dans l'industrie du divertissement, elle a dû relever sa part de défis spécifiquement imposés aux minorités avant d'atteindre une position d'influence. Pour certains, comme pour elle, le succès d'un groupe comme BTS, issu d'une minorité ethnique (à l'échelle du monde et des majors), permet à d'autres d'acquérir une réelle confiance ; le succès de BTS offre aux générations futures un modèle de minorité pouvant atteindre les sommets.

La représentation des Asiatiques dans les grands médias occidentaux a longtemps été faible. Certes, avec son *Gangnam Style*, Psy avait marqué des points dans la K-pop écoutée en Occident et fait progresser

1. Kim Jae-Ha, « Go Away With... Alex and Maia Shibutani », *Chicago Tribune*, 20 mars 2018.

2. Seemayer Z., « Tyra Banks Dishes on BTS's Epic “America's Got Talent” Performance and Their “Die Hard” Fandom (Exclusive) », Entertainment Today, 12 septembre 2018.

l'image de l'homme asiatique, mais en Europe comme aux États-Unis son succès n'avait pas suscité une réelle attraction pour la Corée. Peu de personnes avaient voulu en savoir plus sur son pays, peu de personnes avaient eu envie de connaître sa culture ou d'apprendre sa langue. Disons que la musique de Psy n'avait pas été perçue comme venant d'un partenaire égal et digne de respect sur le plan culturel. En revanche, le triomphe planétaire des BTS a renversé toutes les barrières existantes.

Simultanément à la montée du groupe comme porte-drapeau de l'Asie en Occident, des signaux encourageants ont émergé venant d'autres domaines. À l'été 2018, Warner Bros a distribué un film hollywoodien intitulé *Crazy Rich Asians*, au casting principalement asiatique. Il a rapporté plusieurs millions de dollars et s'est classé parmi les comédies romantiques les plus rentables de la décennie. Steve Aoki, célèbre DJ américain d'origine japonaise, a sorti en novembre 2018 un clip vidéo, *Waste It on Me*, où sont apparus les BTS ; il a également mis en vedette des acteurs américano-asiatiques en vogue, tels que Ken Jeong, Devon Aoki et Jimmy O. Yang, attirant ainsi l'attention du public sur la représentation des minorités. Ces succès, apparus pratiquement en même temps que l'émergence de BTS, témoignent d'un réel phénomène en cours, à savoir une meilleure visibilité des minorités asiatiques hors de leur continent.

Apprendre de la blackness

Décembre 2017, *Reappropriate*, la revue critique des cultures populaires, a publié un article intitulé : « Pourquoi BTS est si populaire dans l'Amérique noire[1] ». L'autrice, Monica Jones, ouvre sa chronique en pointant du doigt les graves problèmes raciaux en jeu dans la K-pop. Le racisme envers les Noirs, conscient ou inconscient, est très présent dans ce genre musical. Il transparaît notamment dans l'imitation superficielle du style des rappeurs noirs, comme les dreadlocks ou l'accent anglais « noir », sans la moindre connaissance ni compréhension de la véritable culture noire. Pour les Afro-américains, leur coiffure ou leur accent ne sont pas seulement des caractéristiques ethniques, ils ont servi de base à leur discrimination et à leur oppression tout au long de l'histoire. Au temps de l'esclavage, les Blancs obligeaient les Noirs à couvrir leur tête d'une serviette sous prétexte qu'ils n'aimaient pas voir leurs cheveux. Un traitement qui laissait s'insinuer en eux un sentiment de honte à l'égard de leurs traits naturels. Les dreadlocks, que l'on appelle souvent en Corée « cheveux reggae », sont une coiffure issue d'une qualité particulière de cheveu. Imiter cette coiffure et ses implications historiques juste pour

1. Monica Jones, « Respect Must be Earned : BTS' Journey Towards Gaining its Stripes in Black America », *Reappropriate*, 7 décembre 2017 : http://reappropriate.co/2017/12/respect-must-be-earned-bts-journey-towards-gaining-its-stripes-in-black-america/

afficher un style « cool » est une sorte de « racisme par négligence ». Il en va de même pour l'accent. Il suffit d'inverser les rôles pour comprendre en quoi c'est insultant. Que ressentirions-nous en entendant les anglophones imiter l'accent « rigide » des immigrés asiatiques ? Derrière les rires se cacherait un certain mépris envers ces personnes qui maîtrisent mal la langue, un mépris et un absurde sentiment de supériorité. C'est de cela qu'il est question dans les moqueries sur l'accent des Noirs. Cet accent a été utilisé dans les médias et dans la société en général comme un stéréotype dénigrant le niveau d'éducation et de culture des populations noires. Cette attitude, cette caricature des stéréotypes ethniques qui ne tient aucunement compte des contextes sociaux ou historiques avec, dans le meilleur des cas, des excuses telles que « je l'ai dit sans trop réfléchir » ou « c'était juste pour plaisanter », porte une réelle violence sous son apparente innocence.

Jones se demande également si, quand les idoles de K-pop disent aimer des artistes noires comme Beyoncé, Tinashe ou Rihanna, elles les admirent en tant que chanteuses contemporaines ou en tant que femmes noires exotiques et élevées au rang d'objets hypersexuels. Alors que connaître et respecter les racines culturelles et le contexte social est essentiel pour comprendre la musique noire et son influence profonde sur la musique étasunienne, elle doute fortement que ces idoles de la K-pop en soient conscientes. Ceci posé, Jones soutient que le chemin emprunté par les BTS est un cas rare d'apprentissage de la « blackness », selon un véritable processus d'essais-erreurs. Certes, BTS a commis les mêmes erreurs que les autres chanteurs de K-pop, se vantant, dans des émissions de divertissement, de savoir imiter l'accent des Noirs américains ou posant dans un style imité des Noirs. Mais ce qui les distingue vraiment de leurs coreligionnaires, c'est qu'ils ont admis leurs erreurs et qu'ils se sont appliqués à ne plus les reproduire.

D'abord, ils se sont efforcés d'apprendre avec application le sens socioculturel de leur musique, pas juste de copier les apparences « cool ». Jones écrit que ce qui a joué un rôle déterminant dans leur changement de direction aura été leur propre émission de télé-réalité : « The American Hussliffe ». Au cours de cette émission, les BTS ont rencontré des légendes du rap et du R'n'B de la côte Ouest et appris l'essence de la musique noire. Prenons un épisode : Coolio, mythique star du rap, leur demande : « Savez-vous ce que les rappeurs veulent dire par *turn up* sur scène ? » Les membres répondent sur le ton de la plaisanterie : « Allons faire la fête ? », mais restent muets l'instant d'après devant le visage fermé de Coolio. Plus tard, Warren G, légende du hip-hop, leur enseigne : « Flinguer, se droguer, voler, ce n'est pas du hip-hop. » Jones cite son interview avec RM en 2015 et ce qu'il a raconté à la suite de cette expérience : « Flinguer, se droguer et voler n'est pas en soi du hip-hop mais ça fait partie du côté négatif du hip-hop. C'est comme un convive non invité qui s'est frayé un chemin dans le hip-hop. Mais certains disent que c'est inhérent au hip-hop. Coolio m'a également dit que le hip-hop est ouvert à tout le monde, quelles que soient nos origines ou la langue que l'on parle. »

Le swag ou ce genre de postures ne sont qu'une partie des nombreux styles du hip-hop et ne peuvent prétendre représenter le hip-hop en soi. RM a ajouté sa propre interprétation : « Définir le hip-hop, c'est comme définir l'amour. S'il y a six milliards de personnes dans le monde, il y aura six milliards de définitions de l'amour. De la même manière, la définition de ce qu'est le hip-hop revient à chacun. »

À travers son article, Jones souhaite rappeler le plus important : que les gens soient eux-mêmes, sans chercher à imiter un style. Il faut rompre avec l'imitation primaire du hip-hop et trouver le moyen idoine pour une véritable « réappropriation » culturelle. Ce qui rend le hip-hop absolument fabuleux, c'est ce message : être honnête envers soi-même. BTS, à travers un chemin fait d'erreurs et de pas en avant, a compris ce message et l'a fait sien. Jones explique que c'est la raison pour laquelle la communauté noire américaine peut plus facilement accueillir les BTS dans son cœur que tout autre chanteur de K-pop.

L'exemple suivant démontre le respect de BTS pour la culture noire. L'une des chansons du groupe contenait un mot qui ressemblait à ce que l'on appelle aux États-Unis un « N-word », terme désobligeant pour les Noirs. Lors des concerts américains de BTS, ce mot coréen a été remplacé par un autre mot de sonorité semblable. Changer une parole n'était pas une tâche aussi simple qu'il y paraissait, il fallait notamment tenir compte de l'harmonie phonétique avec la mélodie et le rythme. Et puis les fans savaient très bien ce que signifiait ce mot en coréen sans même qu'on le leur explique et il n'y aurait pas eu le moindre risque de malentendu même en conservant ce mot. Mais ils ont préféré changer un élément d'un morceau achevé, parce qu'ils savent que le respect des autres cultures est primordial lorsqu'ils œuvrent dans une zone culturelle différente de la leur.

Attirer la classe intellectuelle

Récemment j'ai vu passer un tweet qui m'a amusée. Un utilisateur – peut-être une étudiante, en réalité – écrivait que son professeur parlait toujours de BTS en cours ; elle s'en plaignait, disant que 90 % des ARMY devaient être des universitaires. Et en effet, parmi mes connaissances qui enseignent à l'université, beaucoup s'intéressent à BTS. Il est de fait parfaitement naturel que des chercheurs étudient les nouvelles tendances, et BTS est assurément un des phénomènes notables de ces dernières années. Leur intérêt est donc tout à fait légitime. Mais ce qui attire l'attention des universitaires n'est pas juste l'apparition de BTS comme phénomène, c'est aussi le contenu de leur travail. Parfois les chercheurs n'ont d'autre choix que de réagir, comme par réflexe, aux références esthétiques ou relevant des sciences humaines que le groupe sème dans ses chansons.

Lorsque le dictionnaire Merriam-Webster a publié son 2018 Word of the Year, le mot *epiphany* est arrivé en quatrième place. Ce terme fait référence aux Rois mages, témoins de la naissance de Jésus, au moment d'attester de l'existence de Dieu révélé dans le monde, et donc à l'appréhension de l'éternel. Le nombre de recherches sur ce mot ayant explosé au mois d'août et non pas autour de Noël comme habituellement, l'éditeur s'en est étonné et a mené une étude : une chanson intitulée *Epiphany* était incluse dans le nouvel album de BTS sorti cet été. Dans cet opus, un certain nombre de chansons avaient des titres inhabituels pour de la pop. *Singularity*, terme qui signifie « singularité » mais dans son acception scientifique, ou *Euphoria*, dans le sens d'un « état de bonheur suprême » ou de « jamais vu », un concept cher au mouvement surréaliste qui désignait cet état où les choses connues deviennent soudain étrangères. Certains titres étaient si peu orthodoxes qu'une plaisanterie circulait affirmant que les BTS permettaient, avec leurs chansons, de se perfectionner en anglais. À la sortie de *Singularity*, les fans ont fait circuler ce mot sur les réseaux sociaux, ce qui a intrigué un public différent, cette fois, les scientifiques. Ils cliquaient sur le hashtag en s'attendant à découvrir quelque bouleversement technologique à côté duquel ils seraient passés ; ça a été une grande surprise évidemment quand ils ont découvert qu'il s'agissait d'une chanson d'un groupe assimilé à la K-pop, et souvent même une agréable surprise.

Map of the Soul : Persona, l'album sorti en 2019, a repris tel quel le titre d'un ouvrage de Carl Jung, l'un des pères de la psychanalyse. Précision : avant la sortie de l'album, un livre sur Jung avait été mis en vente sur le site de Big Hit pour que les fans puissent se familiariser avec la vision du monde qu'infusait cet album. L'auteur de cet ouvrage, le Dr Murray Stein, en a publié une édition révisée peu après en explorant les diverses implications jungiennes liées aux chansons du groupe. Il est d'ailleurs devenu un fan actif de BTS, expliquant aux ARMY par livestream le concept de *persona* chez Jung, prenant position contre les *haters* qui méprisaient BTS et leurs fans, expliquant enfin pourquoi la musique de BTS excellait à toucher la génération actuelle.

D'une façon générale, les morceaux de BTS, tout comme ses clips, contiennent de nombreuses références littéraires. Dans le clip de *Spring Day*, on retrouve des motifs tirés de *Ceux qui partent d'Omelas*, un roman de Ursula K. Le Guin, et plusieurs chansons de l'album *Wings* empruntent des éléments aux thèmes de *Demian. Histoire de la jeunesse d'Émile Sinclair*, de Hermann Hesse. Quant aux paroles de *Not Today*, elles citent le célèbre discours de Martin Luther King : « Si vous ne pouvez pas voler, alors courez ; si vous ne pouvez pas courir, alors marchez ; si vous ne pouvez pas marcher, alors rampez. Mais quoi que vous fassiez, vous devez continuer à avancer. »

Les BTS utilisent des métaphores littéraires avec une efficacité sans égale et ont transformé plus d'un écrivain en fan. Le Brésilien Paulo Coelho est l'un d'eux. Lorsque son nouveau livre *Hippie* est sorti, il en a adressé un exemplaire à chacun des membres du groupe via son éditeur coréen. Il n'est pas rare qu'un artiste compte des fans eux-mêmes célèbres. Comme on dit, la célébrité appelle la célébrité, et de nos jours, quand une personne connue se déclare publiquement fan d'une autre célébrité, elle peut en bénéficier pour sa propre image. Mais ce qui est particulier dans le cas des BTS, c'est le nombre d'intellectuels qui sont sensibles à leurs messages. Ces fans ont un point commun : le goût de l'analyse. Ils sont intrigués par l'inhabituelle richesse des métaphores sociales et littéraires du groupe ainsi que par l'effort stratégique que représente l'Univers BTS (BU), *work in progress* étalé sur cinq ans. Ces aspects-là du groupe stimulent la curiosité et l'esprit de recherche propres aux intellectuels. Et finalement, n'est-ce pas dans la nature de leur idéalisme de repérer les possibles transformations et révolutions de ce monde ? En dépit de toutes leurs caractéristiques minoritaires (asiatiques, boys band, non anglophones...), les BTS sont parvenus à prendre la tête d'un courant majeur grâce au fervent soutien de chaque fan. Au-delà de la surprise que constitue un tel événement dans l'industrie du divertissement, ce phénomène a quelque chose de plus qui intrigue la tendance idéaliste des intellectuels. Tant que la course des BTS se poursuit, l'afflux de ces fans particuliers se poursuivra aussi.

5

Au-delà de la barrière de la langue

« C'est Jungkookie *hyung*. Prenez soin de vous et *fighting*. »

Le jour où Jungkook, le plus jeune des BTS, a publié ce court tweet, les ARMY ont immédiatement réagi. C'était le mot bienveillant d'un ancien félicitant les débuts de TXT, ou Tomorrow X Together, groupe junior lancé par leur label Big Hit. Mais la différence venait de l'expression choisie : *Jungkookie hyung*, « grand-frère Jungkook ». Au cours des sept dernières années, le benjamin avait toujours été chouchouté par les fans et ses six *hyung*. Or, là, il se présentait lui-même comme un grand-frère et les fans en ont ressenti des vagues d'émotion inexplicables. *Jungkookie hyung* et sa transcription en anglais ont enflammé Twitter, tel un feu se propageant sur la planète entière. Les médias internationaux spécialistes du divertissement s'en sont immédiatement faits l'écho : *Hollywood Life* ou *Metro* (version anglaise) ont par exemple publié des articles respectivement titrés : « BTS's Jungkook officially calls himself

"Hyung" after TXT's debut & fans are emotional » et « BTS's Jungkook calls himself "Jungkook hyung" after TXT's debut and the ARMY is losing it ». Le mot coréen *hyung* était écrit phonétiquement dans les titres et sa définition était largement développée dans les articles à l'usage des personnes ne maîtrisant pas le coréen. Ce genre d'explication était évidemment de trop pour les ARMY qui, quelle que soit leur nationalité, manient avec habileté un certain vocabulaire coréen tel que *hyung* (« grand-frère », employé par un petit-frère), *maknae* (« benjamin »), *oppa* (« grand-frère », employé par une petite-sœur), ou *ajumma* (« dame d'un certain âge »). Sans connaître ces mots, il serait impossible de suivre une conversation sur les BTS.

Les fans se servent également de mots coréanisés peu familiers aux anglophones, tels que *fighting* (dans le sens d'un encouragement pour relever un défi), *comeback* (l'arrivée d'une nouvelle période de promotion pour le groupe), *selca* (selfie). L'emploi de ces mots a été lancé et popularisé par le musicien Seo Tae-ji[1] quand il a défini les notions de « période d'activité », « période de repos » et « comeback », ils sont donc imprégnés d'un caractère culturel propre à la Corée. Et de fait, à chaque nouvelle sortie d'album, les anciens fans expliquent aux jeunes ARMY la notion de « comeback ». Les fans échangent aussi sur les différentes expressions propres à chaque culture pour décrire un même phénomène. Si dans

1. Voir note page 78.

une discussion une personne lance une répartie qui frappe juste, les Coréens disent « *saïda* ». Le Saïda est une sorte de limonade, ou de Sprite, et son nom est utilisé pour décrire la sensation satisfaisante ressentie par un spectateur lors d'une joute verbale. À l'étranger, les ARMY, qui avaient observé que les fans coréens et les membres des BTS employaient souvent ce mot, se sont mis à l'adopter et à utiliser des mèmes avec l'image du Sprite dans des situations similaires. Ainsi s'est mis en route un croisement linguistique.

Secouer la hiérarchie des langues

Il serait évidemment exagéré de dire que l'échange entre les langues se poursuit activement ou que leur hiérarchie a été renversée sous prétexte que des fans du monde entier se sont mis à employer quelques expressions coréennes jusqu'alors inconnues. En revanche, il y a au sein des ARMY un renversement du ressenti envers une langue minoritaire depuis une langue majoritaire.

Quand j'étais enfant, ma famille s'est installée durant un ou deux ans dans l'Illinois, aux États-Unis, où mon père avait été appelé pour son travail. Je venais de terminer ma quatrième année de primaire et quand nous sommes arrivés dans ce nouveau pays je ne connaissais même pas l'alphabet latin. De nos jours, certains Coréens apprennent l'anglais dès la maternelle, mais il y a une trentaine d'années c'était au collège que nous abordions cette langue pour la première fois. À Urbana, la ville où nous habitions, il y avait une université assez importante où étaient venus travailler plusieurs chercheurs ou professeurs coréens, tout comme mon père, de sorte que dans notre quartier j'avais des amis coréens avec lesquels je jouais et discutais en coréen. Mais à l'école, il en allait tout autrement, je n'étais qu'une idiote qui ne savait pas sortir un mot correct. Mon pire cauchemar, c'était la cantine. Un groupe d'enfants, sachant que je ne parlais pas leur langue, me harcelait littéralement (partout dans le monde les enfants sont cruels). Lorsque le menu annonçait un délicieux dessert, ils m'assaillaient de questions en mélangeant tournures négatives et positives : « Tu vas manger ça ? », « Tu ne vas pas le manger ? », « Tu n'aimes pas ça, pas vrai ? », jusqu'à ce que je donne la mauvaise réponse. Ils s'emparaient alors tranquillement de mon plat. Il faut savoir que le coréen et l'anglais n'ont pas le même système de négation : si on vous demande « Tu n'aimes pas ça, non ? » et que vous l'aimez, il ne faut surtout pas répondre par la négative. Sinon vous y laisserez votre dessert. À la cantine, personne ne venait me voir et les rares qui s'approchaient de moi étaient ceux qui venaient me moquer et me subtiliser mes douceurs sucrées.

Un jour que je mangeais seule, deux enfants de ma classe sont venus s'asseoir à ma table. Je me suis dit *Ça recommence*, puis ils m'ont tendu quelque chose, l'air rieur. Il s'agissait de jolis autocollants, en forme de cœur. *Ils ne vont quand même pas me les donner ?* Dubitative, j'ai essayé de comprendre ce qu'ils voulaient dire avec leurs gesticulations ; j'ai fini par saisir qu'ils voulaient me les vendre. Après réflexion, j'ai décidé de les acheter ; j'avais le faible espoir que cela signait peut-être les débuts d'une nouvelle amitié. Je déchantai quelques heures plus tard. La maîtresse a annoncé en classe qu'il manquait des autocollants, ceux qu'elle mettait sur les devoirs en signe de félicitations. Évidemment, il s'agissait de ceux que j'avais acquis. Et justement j'étais sur le point d'en coller un dans mon cahier. Tous les regards ont convergé vers moi, dans un silence écrasant. Sans avoir tout à fait compris ce dont il s'agissait, j'avais bien perçu que tout le monde avait les yeux rivés sur moi et sur cet autocollant dans ma main. Rassemblant tout mon courage, quoique d'une toute petite voix, j'ai commencé à expliquer à ma voisine comment je me les étais procurés. Me voyant virer au rouge, puis au verdâtre, ma voisine a pris ma main et m'a amenée devant la maîtresse. Elle a écouté ma camarade, m'a regardée fixement puis a dit – à ce que j'ai cru deviner : « Je comprends ce que tu veux dire. Nous allons faire comme si rien de tout cela ne s'était produit. » *Oh, cette personne ne me croit pas. Ou bien elle n'a pas envie de creuser plus loin. En tout cas, elle n'a aucune intention de me sortir de cette situation de déshonneur.* Dans cette histoire, non seulement j'étais une idiote, mais je restais une voleuse. Disons simplement que je n'ai pas eu de chance cette fois-là.

Quiconque a vécu dans un pays étranger, que ce soit pour un long ou court séjour, a connu au moins une fois le sentiment de devenir soudain parfaitement bête. Des années plus tard, je suis retournée aux États-Unis pour mon master et j'ai retrouvé cette impression. En classe de critique, où la discussion était essentielle, je passais tout mon temps à préparer des phrases parfaites dans ma tête. Lorsqu'il ne s'agit pas de sa langue maternelle, réfléchir en parlant est purement illusoire. Au moment où j'avais réussi à formuler une phrase qu'il m'avait fallu des heures pour construire, le cours se terminait. Pendant ce temps, les locuteurs natifs avaient participé activement au déroulement du cours en avançant des arguments qui me paraissaient bien légers. *Si nous parlions en coréen, je vous ferais voir ce que je sais, moi.* C'était juste la voix de mon cœur, mon intellect avait été réduit à néant par la barrière de la langue. Tristesse du Monde en voie de développement devant la muraille du Monde développé.

J'ai donc été particulièrement fascinée en observant le fandom de BTS, car j'ai vu se jouer le renversement de cette frustration causée par cette barrière de la langue. À l'exception d'un petit nombre de vidéos de la série *Run ! BTS* sur l'application V, de Naver ou des vidéos de leurs clips officiels, la plupart de celles du groupe ne sont pas sous-titrées en anglais. Certes, les traductions réalisées par des fans bénévoles arrivent très vite, mais dans le laps de temps entre la diffusion du clip original et la mise à disposition de ses traductions, l'attente des fans se fait paroxystique, au point que des mèmes de ce genre (fig. 7) sont devenus très à la mode :

Figure 7 : « Je ne comprends pas mais j'aime quand même. »

Lorsque les membres du groupe diffusent une émission en direct sur V App, les fans étrangers doivent patienter près d'une heure, aux abois, sans comprendre un mot de ce qui se raconte. Pour un contenu relativement long, une émission en direct par exemple, il faudra prendre son mal en patience avant qu'une traduction à peu près correcte soit disponible. Et ce n'est pas tout. Leur label publie à minuit, heure coréenne, ses annonces importantes, comme la sortie d'un nouvel album ou les dates de concerts. C'est alors que l'expression pleine d'auto-ironie se propage parmi les fans étrangers, la *twelve hit phobia*, la « phobie des douze coups de minuit ». Les fans coréens peuvent recevoir tranquillement des notifications tout au long de la nuit, mais il n'en va pas de même pour les ARMY à l'étranger qui sont soit à l'école soit au travail, à cette heure. Rien à faire, eux vont devoir attendre. Ainsi va la vie du fan étranger, qui règle son téléphone sur l'heure coréenne. Être un fan de BTS signifie vivre dans l'attente et la frustration, au risque de voir totalement bouleversé son rythme de vie normal. À observer cette situation dans laquelle s'inversent la hiérarchie des langues et l'ancrage horaire, je dois avouer que dans un coin de ma tête j'entends une petite voix provocante qui dit : *Eh les gars, qu'est-ce que vous ressentez ? Vous comprenez maintenant ce que nous endurons, nous, les non-anglophones ?* Mais je tiens surtout à relever les changements largement plus significatifs qui s'opèrent derrière ce phénomène.

Rafranz Davis, une éducatrice étasunienne fan de BTS, a publié dans *Medium* un article intitulé : « Comment un groupe de K-pop m'a poussée dans mes retranchements[1] ».

> « En tant qu'éducatrice connectée, j'ai toujours interagi avec mes homologues du monde entier. Toutefois, je n'ai jamais cherché à les rencontrer là où ils se trouvaient, à savoir… dans leur propre langue. […] C'est étrange parce que quand j'enseignais à des étudiants non anglophones, j'essayais de communiquer autant

1. https://medium.com/@rafranzdavis/how-a-kpop-band-pushed-me-beyond-barriers-92d9db36db17

que possible dans leur langue... mais sans jamais ressentir le besoin de parler couramment leur langue. Je savais au fond de moi que l'imperfection de notre communication les guiderait là où je les attendrais tout à mon aise, vers l'anglais. Puis les BTS sont entrés dans ma vie, à un moment où je me livrais à une profonde réflexion personnelle. Je voyais les limites de ma vie d'"éducation itinérante" et peut-être cela a-t-il joué un rôle dans l'introspection philosophique que je menais par le prisme de leur musique, de leurs histoires et de mon désir d'écouter et d'entendre. Je crois que nous avons tous nos barrières et nos préjugés. J'espère que, chaque fois que nous faisons face à l'une de ces barrières, quelque chose comme BTS apparaisse qui nous permette de repousser ces limites. »

Citoyens des sommets du monde, ceux qui ont toujours vécu sur leur statut culturel supérieur peuvent soudain ressentir ce type d'inversion des valeurs en devenant de grands fans de BTS. Ces moments laissent perplexe mais offrent aussi une occasion de réfléchir à sa position dans le monde et envers les autres cultures. (Ceux qui appartiennent au cœur du fandom, tant de Corée que de l'étranger, disent sans cesse : jamais je n'aurais pensé verser des larmes en écoutant les paroles d'un groupe d'idoles. Quand je vois sur YouTube les réactions de fans du monde entier transportés de bonheur à l'écoute de clips de BTS, puis fondant en larmes à la lecture des paroles traduites, il m'arrive même de me demander si la paix mondiale ne réside pas ailleurs qu'entre les mains des politiciens d'ici et d'ailleurs.)

Même si les traducteurs des BTS sont les plus rapides et les plus appliqués, une certaine frustration due à l'impossibilité de communiquer instantanément perdure. Il y a aussi ces expressions idiomatiques que la traduction ne pourra jamais complètement rendre et que seuls des Coréens nés en Corée, éduqués dans la culture coréenne, peuvent comprendre. Sans compter les conflits qu'engendrent les différences culturelles et qu'il est si difficile d'aplanir. Néanmoins demeure cette fusion émotionnelle entre fans de différentes cultures. Et percevoir que ceux issus d'une culture globalement dominante laissent de côté leur prestige, descendent de leur piédestal pour avancer à la rencontre d'une culture minoritaire, m'a fait l'effet d'une brise fraîche venant souffler sur notre monde désertique. Même si je vais continuer à me sentir une petite fille « soudain idiote » dans la hiérarchie culturelle du monde actuel, j'ai appris que quelque part sur cette terre se pratiquait une sorte d'inversion des forces par des croisements culturels – entraînant une meilleure compréhension de l'Autre.

Jour du hangeul[1]

De nombreux fans étrangers, désireux de comprendre instantanément ce que disent leurs idoles ou frustrés de ne pas saisir toutes les nuances par manque de maîtrise du coréen, se sont mis à l'étudier. La part de ces fans qui

1. Le hangeul est l'alphabet officiel du coréen.

achètent des manuels de coréen ou qui se lancent dans cet apprentissage via internet ou une application dédiée est plus importante qu'on imagine. Le 9 octobre 2018, journée commémorative du hangeul, un hashtag spécial des ARMY a fait le buzz sur Twitter. Il s'agissait de poster, avec le hashtag #감사합니다_방탄소년단 (#Merci_BTS), des lettres manuscrites soigneusement écrites par des fans étrangers (fig. 8). La plupart de ces tweets reprenaient les paroles de leurs chansons favorites.

Figure 8. Lettre manuscrite écrite par une fan étrangère à l'occasion du Jour du hangeul.

이제는 나 자신을 용서하자. 버리기엔 우리 인생은 길어.
Maintenant, je vais me pardonner. Notre vie est trop longue pour l'abandonner.

어제의 나 오늘의 나 내일의 나. 빠짐없이 남김없이 모두 다 나.
Moi d'hier, moi d'aujourd'hui, moi de demain. Tout est moi sans exception.

빛나는 나를, 소중한 내 영혼을. 이제야 깨달아. 좀 부족해도 너무 아름다운 걸.
Je suis lumineux, mon âme est précieuse. Maintenant je l'ai compris. Même imparfait, c'est juste beau.

몇 번이라도 되뇌어보겠어. 또다시 쓰러진대도 난 괜찮아.
Je le répéterai encore et encore. Ce n'est pas grave si je tombe à nouveau.

해가 뜨기 전 새벽이 가장 어두우니까.
Parce que l'aurore avant le lever du soleil est le moment le plus sombre.

Des étrangers qui aiment tellement des chanteurs coréens qu'ils leur écrivent des lettres à la main et dans leur langue pour le Jour du hangeul ? Le sujet était trop beau pour que les médias nationaux passent à côté. Ce jour-là, la presse coréenne a donc glosé sans discontinuer sur « l'influence » des BTS et leur contribution à la diffusion de la culture nationale, notamment à celle de notre écriture. Le public n'a pas été en reste et les messages enthousiastes se sont succédé : « Ils m'inspirent une grande fierté pour ma patrie », « Je suis fier des BTS », etc. Comment ne pas l'être ? Grâce à un groupe de musique, des citoyens du vaste monde se mettaient à apprendre et à écrire le hangeul, langue périphérique parlée par moins de 1 % de la population mondiale. Le constat avait de quoi faire vibrer la fibre nationaliste qui habite tout Coréen. Plutôt que d'éprouver de la gratitude envers ceux qui faisaient la démarche de se tourner vers le hangeul, il semblait que la satisfaction de voir l'alphabet coréen diffusé dans le monde l'emportait sur tout le reste. Parfait exemple de ce que l'on dénomme communément désormais le « pop-nationalisme ».

Personnellement, et en tant qu'observatrice avisée du fandom depuis un certain temps, l'enjeu me semblait tout autre. Il y avait un autre sentiment caché derrière cet événement. Cet « amour du hangeul » exprimé par des étrangers ne signifiait pas un respect inconditionnel envers la culture de leurs artistes préférés. Selon moi, les fans étaient surtout reconnaissants aux BTS de leur offrir cette formidable opportunité d'un partage d'expériences humaines *au-delà du langage*. En dépit de l'inquiétude de certains experts pour lesquels l'impact du groupe sur le marché occidental diminuerait s'ils persistaient à chanter dans leur langue, les fans non coréens ne souhaitent pas que les BTS abandonnent leur langue pour l'anglais. Quand je demande à un ARMY étranger quelles furent ses premières impressions en découvrant les BTS, beaucoup répondent quelque chose comme : « Sans avoir la moindre idée de ce dont ils parlaient, de ce que leurs mots signifiaient, j'avais l'impression de tout comprendre. C'était absolument fascinant. » Sans doute est-ce là une vision trop romantique et trop subjective des échanges entre cultures différentes, mais si les langues ont dressé des barrières entre les hommes, ce n'est que le fruit de civilisations qui ont crû chacune à leur façon. Les humains sont par nature des êtres communicants, et la communication non verbale a certainement précédé les mots, historiquement, dans nos échanges. Alors si les fans du monde entier ont écrit des lettres en hangeul pour remercier les BTS, ils ont trouvé un moyen pour transmettre leur gratitude envers la culture hangeul, la langue à travers laquelle BTS fait passer ces messages qui vont droit au cœur de son public. Ce qui transcende les standards de nos civilisations et qui atteint les fans du monde entier, ce n'est sans doute pas tant les paroles en coréen mais plutôt leur essence. En voici l'une des plus belles illustrations.

Un concert au City Field Stadium[1]

Valonea Renhern a assisté avec sa petite sœur au concert Love Yourself de BTS, au City Field Stadium de New York. Adolescente et grande fan du groupe, sa sœur est aveugle. Valonea ne comprenait pas très bien pourquoi celle-ci, qui ne pouvait voir le groupe danser ou rire, leur vouait une telle passion. Elle

1. Cette anecdote est tirée de « Speak Love Not English », texte publié par Valonea Renhern sur Medium (09/10/2018) : https://medium.com/@valonearenhern/speak-love-not-english-what-bts-and-my-sister-showed-me-about-the-universality-of-music-cff50bff7ef4

avait acheté les billets à l'avance, c'était le cadeau qu'elle lui offrait pour son anniversaire, même si elle craignait qu'elle ne profite pas complètement du spectacle. Une fois que le concert a commencé, elle a très vite su qu'elle s'était inquiétée pour rien. Pour Valonea, qui ne connaissait pas vraiment le groupe, le moment le plus impressionnant de la soirée fut celui où RM, leader du groupe, prit le micro pour parler au public :

« Je ne savais pas m'aimer moi-même. Vous me l'avez appris. À travers vos yeux, votre amour, vos tweets, vos lettres, votre tout. Vous m'avez appris à m'aimer et vous m'avez inspiré. Maintenant, utilisez-moi. Utilisez BTS pour vous aimer. »

À cet instant, les larmes sont montées aux yeux de Valeona. Car à cet instant elle pouvait sentir des milliers d'âmes et de cœurs s'ouvrir pour former un océan de lumière dans le stade de City Field. Ce qu'elle a vu dans cet éblouissement, c'étaient des remerciements, une sympathie mutuelle et une absolue sincérité entre les fans et le groupe. Pendant que RM parlait, sa sœur a tiré la manche de Valeona qui s'est penchée vers elle.

« C'est la même chose.

— Quoi, qu'est-ce qui est la même chose ? lui a demandé Valeona, confuse.

— Leurs voix. Leur amour. C'est la même chose. »

C'est cette sincérité des membres du groupe, de leur musique, qui avait touché le cœur de sa petite sœur et en avait fait une fan sans qu'elle eût besoin de voir leurs visages ni leurs chorégraphies. Quand sa famille ou des amies se moquaient d'elle parce qu'elle écoutait un boys band coréen, elle répondait : « Peu importe qu'ils ne chantent pas en anglais. Je sais ce qu'ils disent. Je peux les sentir. »

Après le concert, Valonea s'est mise à écouter à son tour la musique des BTS et à lire les traductions de leurs chansons. C'est maintenant une ARMY passionnée. La plupart des paroles sont en coréen mais cela n'empêche en rien de comprendre le message invitant à s'aimer soi-même et à aimer les autres. L'amour subtil et informel transmis par leurs voix, leurs expressions et leur musique permet de franchir les barrières linguistiques, les distances physiques ou tant d'autres obstacles entre les personnes. Au concert de BTS, Valeona a vu que l'amour, même sans forme, possède un pouvoir extraordinaire. Des femmes noires, des garçonnets, des papis et des mamies, jusqu'à des adolescents aveugles, tous les ARMY pouvaient ressentir ce pouvoir qu'ils transmettaient. BTS démontre une chose qu'aucun dictionnaire ne peut définir, qu'aucun concept unique ne peut contenir tout entier. Dans cette optique, faire valoir la supériorité du hangeul et la puissance du hallyu est typiquement une dérive nationaliste. La culture n'est pas une conquête mais un pont pour se connecter les uns aux autres. Et c'est la nature profonde de ce que les BTS accomplissent aujourd'hui.

Bangtan chante en coréen

Lorsque la carrière de BTS a vraiment décollé aux États-Unis, tous les médias ont posé la même question au groupe : « Envisagez-vous de sortir des chansons en anglais ? », le sous-entendu étant : « Il est très étonnant de voir des fans chanter *in extenso* vos chansons en langue originale ; mais soyons pragmatique, si vous voulez percer ici, juste avec des chansons coréennes, ça ne va pas être possible. » Compte tenu de la culture étasunienne, cette idée ne manquait pas de pertinence. Le public américain regarde rarement les films étrangers en VO sous-titrée, alors entendre à la radio des chansons en coréen, une langue inconnue dans laquelle ils ne reconnaîtraient aucun mot et qu'ils seraient incapables ne serait-ce que de fredonner… le groupe ne partait pas gagnant. Les radios aux États-Unis ne passent quasiment jamais de chansons dans d'autres langues que l'anglais. Peut-être parfois en espagnol, mais en coréen, jamais. Shawn Stockman, membre de Boyz II Men, a assisté au concert de BTS au Rose Bowl. Il a exprimé la même chose ainsi : « Si j'avais dit […] qu'il y avait un boys band coréen dont les membres ne parlaient pas trop anglais mais qu'ils étaient beaux, que leur musique était excellente, qu'ils dansaient formidablement bien, etc., toutes les maisons de disques m'auraient snobé. »

Ce que Shawn Stockman voulait exprimer, c'était son admiration pour ce groupe qui a réussi à s'imposer sur le marché étasunien en dépit de l'obstacle réputé infranchissable de la langue. Mais il en va ainsi depuis les débuts de BTS, dont les fans étrangers, y compris aux États-Unis, ont toujours soutenu le choix fait par le groupe de chanter dans sa langue. Tout simplement parce qu'ils estimaient qu'en chantant dans leur langue maternelle ils étaient plus à même d'exprimer leur propre univers intérieur. Et parfaitement en lien avec ses fans, BTS a continué de chanter principalement en coréen, à l'exception de quelques refrains en anglais. Début 2019, *Entertainement Weekly*, le grand magazine US du divertissement, a posé la question suivante aux BTS lors d'une interview à Séoul, après avoir évoqué le succès de *Despacito* de Luis Fonsi :

« Jusqu'à présent, deux de vos albums se sont classés numéro 1, pensez-vous pouvoir atteindre un jour la première marche du classement des singles avec une chanson en coréen ? »

Réponse de RM :

« Vous savez, la Latin pop a ses propres Grammy en Amérique, c'est assez différent de notre cas [...]. Je ne cherche pas à comparer mais je pense que c'est encore plus compliqué pour un groupe asiatique. Le Hot 100 et la nomination aux Grammy, tels sont nos objectifs ; mais ce sont juste des objectifs. Nous ne voulons pas changer notre identité ni renoncer à notre authenticité musicale pour conquérir la place de numéro 1. Si soudain nous nous mettions à chanter totalement en anglais et que nous changions toutes ces autres choses, nous ne serions plus les BTS[1]. »

1. L. Greenblatt, « The Greatest Showmen: An Exclusive Look Inside the World of BTS », *Entertainment Weekly*, 28 mars 2019 : https://ew.com/music/2019/03/28/bts-exclusive-cover-story/

Au début de leur promotion aux États-Unis, les BTS restaient assez évasifs quant à l'éventuelle sortie de chansons en anglais. Mais, dans cette interview donnée après une série de succès magistraux, ils ont clairement fait part de leur intention de privilégier le coréen. Personnellement, je crois que cette décision est la bonne. Toutes les traductions sont réalisées à partir de la prémisse éternelle de « l'impossibilité de traduire ». Traduire une langue dans une autre crée inévitablement un décalage, un vide, qu'il soit culturel, politique ou social. Certaines émotions ne peuvent être exprimées que dans la langue maternelle et, même si le traducteur parvenait à les transcrire avec une grande habileté dans une autre langue, le contexte même de ces émotions resterait extérieur à la traduction. Les textes de BTS ont la réputation d'être riches de métaphores et de sens, et si ce processus d'expression des émotions en langue maternelle était supprimé, cela ne pourrait qu'altérer gravement l'identité même du groupe.

난 그냥 사람, 사람, 사람
Je suis juste un homme, homme, homme

넌 나의 모든 모서릴 잠식
Tu arrondis tous mes angles

나를 사랑, 사랑, 사랑으로 만들어
Et me guides vers l'amour, l'amour, l'amour.

Telles sont les paroles de *Trivia : Love*, écrit et chanté par RM. Cette phrase : « Tu arrondis les angles de « ㅁ » du « 사람 » [homme] pour me rendre « 사랑 » [amour] exprime la façon dont chacun évolue à travers ses relations avec les autres. Le contexte culturel et les concepts coréens sont contenus dans tout le processus qui mène de l'idéation à la création lyrique. Il est bien entendu possible de transposer cette phrase dans une autre langue, mais cette tentative risque de déformer artificiellement l'identité de l'artiste qui l'exprime, parce qu'il est né et a grandi dans un certain environnement culturel, coréen en l'espèce, qui a formé sa façon de penser et de composer.

Festival de Cannes, été 2019. La Palme d'or est attribuée à *Parasite*, de Bong Joon-ho, première récompense internationale majeure pour ce film qui va les accumuler durant plus d'une année. Ses longs métrages précédents, *Snowpiercer* et *Okja*, avaient pour personnages principaux des acteurs coréens et les tournages s'étaient déroulés partiellement en Corée. Mais que ce soit pour *Snowpiercer* ou pour *Okja*, le réalisateur avait suivi une certaine recette commerciale reposant sur des codes universels où des désastres mondiaux trouvent leur solution grâce à des personnages (et acteurs) multinationaux ; ce que l'on appelle des films « transnationaux ». Ces deux longs métrages étaient remarquables et avaient été des succès, mais le film qui a fait entrer Bong Joon-ho au panthéon des réalisateurs contemporains est *Parasite*, une comédie-thriller bâtie sur des hiérarchies sociales typiquement coréennes et sur une critique de questions sociétales là aussi typiquement coréennes. Le film joue d'ailleurs d'un humour à la coréenne, la véritable signature de Bong Joon-ho. Ce qui est intéressant, c'est qu'en dépit du contexte et du récit spécifiquement coréen, les jurys étrangers n'ont eu aucune difficulté à recevoir ce film à travers le prisme d'une conscience mondiale, c'est-à-dire d'un code universel. Un exemple qui montre clairement que ce qui est le plus spécifique peut aussi être le plus universel. Les paroles des BTS tissent en coréen ce qu'ils ont vu, entendu, ressenti et pensé en tant que personnes nées et ayant grandi dans un certain environnement émotionnel coréen, mais elles résonnent pour le monde entier. J'espère continuer d'entendre de telles paroles dans leurs chansons pendant longtemps.

Fans traducteurs

Si je me suis intéressée au fandom des BTS, si ma curiosité a été piquée, c'est aussi par la découverte des comptes de traduction tenus par des fans, des fans traducteurs. C'est en grande partie grâce à eux que la musique des BTS, leurs messages et tout le contenu musical du groupe sont diffusés quasiment en temps réel dans le monde entier. D'autres fandoms de K-pop possèdent également de tels comptes. Mais ce qui rend les traducteurs des ARMY si particuliers, c'est qu'ils se posent constamment des questions sur leur position et leur rôle.

Il y a actuellement un grand nombre de traducteurs dans le fandom des ARMY mais pour ce qui est de l'anglais, disons que cela représente une petite vingtaine de personnes, dont une bonne part sont des étudiants coréens résidant aux États-Unis ou des Étasuniens d'origine coréenne. Toujours en temps réel, ils traduisent pratiquement tout ce qui émane des BTS : les chansons de leurs albums, évidemment, leurs tweets quotidiens, les vidéos postées sur YouTube, les paroles des chansons publiées occasionnellement comme les mixtapes ou les reprises, ainsi que des articles parus dans la presse coréenne.

Un album de BTS contient en général une dizaine de titres. À l'exception de la chanson titre qui sort avec un clip vidéo, les autres ne sont pas traduites ou sous-titrées en anglais. Dès lors, le temps passe lentement pour les ARMY qui ne parlent pas le coréen et qui, dans le monde entier, attendent fébrilement la mise en ligne des traductions par leurs camarades coréanophones. La dépendance des fandoms mondiaux aux fans traducteurs est à ce point importante que leur influence peut déterminer l'existence même du fandom.

Car leurs traductions ne s'arrêtent pas à la simple transmission du sens. Dans la plupart des cas, la traduction consiste à reproduire un texte original issu d'une culture dans les cadres et expressions d'une autre culture. Ce travail nécessite non seulement la rapidité et l'exactitude, mais aussi une large connaissance de la culture de la langue source. Par exemple, les paroles de *Ddaeng* sont impossibles à comprendre pour qui ignore le *seotda*, jeu de cartes coréen (*hwatu*). Et de fait, dans la traduction de *Ddaeng* réalisée par le fandom, vous pouvez lire non seulement la traduction anglaise de la chanson mais également une explication détaillée des règles du *seotda*. D'une façon générale, les traducteurs ne rechignent pas à acquérir les connaissances dont ils ont besoin pour rendre un travail parfait.

En dépit de cet esprit professionnel – alors qu'ils font tout cela bénévolement, rappelons-le –, leurs traductions comportent inévitablement certaines lacunes. Non parce qu'ils manquent de talent, mais parce qu'il existe des espaces impossibles à combler entre différentes sphères culturelles. Ce qui peut à la rigueur venir combler ces espaces, c'est « la conscience en tant que pont » du traducteur qui va tenter des interprétations culturelles. Les paroles des chansons, les textes des vidéos comportent relativement peu d'aléas d'interprétation. Pourtant il arrive que des conflits naissent au sein du fandom et les discussions entre et avec les traducteurs deviennent âpres. *Quelles informations dois-je retenir ? Quel point de vue dois-je adopter ?* Telles sont les questions qui taraudent les traducteurs. Surtout quand il s'agit d'un conflit au sein d'un fandom coréen avant de transmettre aux ARMY étrangers, ou d'un conflit entre ARMY coréens et ARMY d'une autre contrée : alors, leur position de traducteurs et de Coréens devient très vite embarrassante. Si la traduction penche vers le choix des ARMY coréens, les ARMY internationaux les accuseront d'avoir perdu leur objectivité ; d'un autre côté si le traducteur étranger s'en tient à une traduction factuelle, froide, sans tenir compte des avis émanant des Coréens, il se heurtera à un procès en légitimité de la part de ces derniers. Ces dilemmes auxquels sont confrontés les fans traducteurs les conduisent à faire preuve de la plus grande prudence quand éclate ce genre de polémiques.

En septembre 2018, la collaboration entre Yasushi Akimoto, producteur en chef du girls band AKB48, au Japon, et les BTS a été annulée suite à l'opposition du fandom coréen. La colère des fans était due aux prises de position d'extrême droite ainsi qu'à la misogynie de ce dernier. Cet incident a fait couler beaucoup d'encre, tant il était exceptionnel qu'un fandom puisse faire échouer une entente commerciale entre deux entreprises. Et de fait, les tactiques mises en avant par les ARMY coréens – menace de boycott et d'une « attaque globale » qui devait consister en publications massives de slogans sur le site officiel des fans – ont été perçues de manière très négative par les ARMY étrangers. Ceux-ci trouvaient en effet injuste que les BTS subissent les conséquences d'un boycott de streaming, d'achats de disques et de votes alors qu'ils n'étaient en rien responsables de ce contrat entre Big Hit et AKB48. D'autant que pour les fans étrangers, Big Hit était indissociable de BTS et qu'il était inconcevable de s'en prendre à l'agence pour un différend de cet ordre. La forme aussi – l'idée de cette « attaque frontale » contre le site officiel – leur paraissait disproportionnée et trop agressive envers l'agence de leurs idoles.

Il est peut-être possible d'expliquer en partie ce comportement des ARMY nationaux en regardant de plus près la société coréenne. Lorsqu'éclate un conflit social en Corée, opposant de la sorte un côté fort et un côté faible, il est extrêmement rare qu'une solution positive soit trouvée par la voie du dialogue. Le plus souvent, c'est la partie forte qui va imposer son point de vue plutôt que de chercher un compromis qui satisfasse les deux parties. Au point que parfois les plus faibles perdent encore plus de droits, à la suite du conflit, qu'ils n'en avaient auparavant. D'où cette attitude des Coréens qui, par défaut, considèrent que ceux qui ont le pouvoir peuvent les frapper à n'importe quel moment et que leur seul salut passe par une action collective.

Dans la K-pop, les groupes sont formés d'une façon très inhabituelle : de jeunes débutants prometteurs sont recrutés puis entraînés jusqu'à devenir chanteurs. L'agence est donc généralement dans une position de toute-puissance, l'artiste étant à sa merci. En d'autres termes, dans l'industrie de la K-pop, les fans estiment qu'ils doivent protéger leurs artistes contre les éventuels abus de leur label. Ce qui peut amener certains fandoms, quand l'artiste gagne en popularité, à se rassembler et à mener des actions collectives pour défendre les droits de l'artiste contre son agence. Il est donc important de comprendre que du point de vue d'un fan coréen, l'artiste et l'agence sont deux entités distinctes. De même, dans le cas des BTS, pour les ARMY coréens l'agence est l'entité dominante dont au besoin il faudra protéger les

BTS. Le boycott collectif lancé contre l'accord avec Yasushi Akimoto était donc un acte naturel pour les fans coréens, qui découlait logiquement de leur devoir de protection envers leurs idoles.

Les fans traducteurs étrangers ont essayé d'expliquer à leurs compatriotes les raisons du boycott voulu par les Coréens, détaillant en particulier l'histoire complexe des relations historiques entre la Corée et le Japon qu'ils ignoraient pour la plupart. Sans résultat, la plupart des fans étrangers estimant tout bonnement que dans cette querelle les traducteurs épousaient par principe le point de vue coréen. Les traducteurs ont même été mis en demeure soit de présenter des arguments objectifs soit de se taire ; et ils ont préféré se retirer du débat. Durant quelques années, l'affaire a laissé des traces entre ARMY de Corée et ARMY étrangers.

Peu de temps après, un autre incident a éclaté. Cette fois, il s'agissait d'une émission de télévision japonaise qui avait unilatéralement annulé une apparition des BTS au motif d'un T-shirt controversé – montrant une explosion de bombe nucléaire – qu'un membre du groupe avait porté dans le passé. BTS étant devenu un groupe de renommée internationale, l'affaire a été relayée dans le monde entier. Les choses se sont encore aggravées lorsque des Japonais appartenant à l'extrême droite, des nationalistes coréens et même une organisation juive des droits humains ont plongé dans la polémique, laissant l'onde de choc issue de cette confrontation se propager tout autour de la planète. Heureusement, les ARMY coréens ont réagi avec célérité et se sont mobilisés rapidement pour éviter que l'affaire devienne un enjeu coréano-japonais. Ils ont expliqué le contexte historique à l'origine de la controverse du T-shirt, à savoir la récente décision de la Cour suprême de Corée en faveur de l'indemnisation des Coréens forcés de travailler pour l'occupant japonais durant la Seconde Guerre mondiale. Petit à petit, les ARMY internationaux ont compris que leur groupe avait été pris involontairement dans un vieux contentieux entre ces deux pays, la Corée et le Japon. Il faut noter que, échaudés par l'affaire Yasushi Akimoto, les traducteurs étrangers étaient demeurés en retrait dans cette nouvelle affaire et que ce sont des fans « ordinaires » qui ont assumé l'effort pédagogique.

La situation s'est apaisée avec la publication par Big Hit d'un communiqué de presse. Enfin, quelques semaines plus tard, les traducteurs des ARMY, jusqu'alors muets et d'une extrême prudence, ont refait surface en publiant « Livre blanc des ARMY[1] ». Ce projet, rédigé par les ARMY traducteurs en collaboration avec une vingtaine de fans de professions variées et issus des cinq continents, revenait sur tous les détails de l'affaire en une centaine de pages : chronologie de l'incident du T-shirt, environnement politique, tons des médias, tout y était exposé. Les auteurs y affichaient clairement leur volonté de présenter un travail le plus objectif possible. Prudents, ils avaient appris à leurs dépens qu'une interprétation

1. https://whitepaperproject.com/

favorable à un seul pays – dans un fandom composé de toutes les nationalités, races et cultures – pouvait discréditer leur travail en tant que traducteurs mais aussi troubler la cohésion du fandom sur le long terme. Le Livre blanc développait de manière précise et détaillée le contexte de l'affaire mais aussi les diverses opinions et réactions au sein des ARMY. En annexe, une bibliographie donnait toutes les références nécessaires. Selon les membres de ce projet, le Livre blanc n'avait pas pour principale vocation d'expliquer la position du fandom mais plutôt d'ouvrir une réflexion sur les façons de résoudre un conflit au sein des ARMY et de contribuer ainsi à créer une véritable communauté humaniste au-delà de la nationalité de chacun. Une déclaration de principe qui laissait entrevoir la possible existence d'un fandom en tant que « communauté politique ».

Tirée du Livre blanc, la phrase ci-dessous dévoile où cette vaste réflexion a mené ses auteurs quant à leur rôle et position en tant que traducteurs. Elle démontre fondamentalement que lesdits fans traducteurs ont su être avant tout des traducteurs culturels avisés :

« Nous sommes au carrefour des langues et à chaque instant nous devons faire des choix judicieux pour privilégier ce qui est juste sur ce qui est populaire, et ce qui relève de la sagesse plutôt que du plaisir. »

6

La culture fandom devient un fait social

Le fan accorde une affection dévouée à l'objet de son adoration, qui peut être extrêmement varié : une marque, une série, un film, un artiste… Un fandom est une communauté de goût. Il se compose de fans qui partagent une certaine prédilection. Dans la société capitaliste moderne, fondée sur la consommation, la question du goût pour telle ou telle chose s'exprime le plus souvent par ce biais. Le fandom contribue à renforcer la position de l'objet de son adoration sur le marché en achetant des produits liés à cet objet. Ou, en d'autres termes, le fandom est « un groupe de consommateurs unis par leur prédilection ».

Mais dès qu'on examine de plus près la nature du fandom, la chose apparaît plus complexe et certains éléments de la vie du fandom ne peuvent être résumés au seul esprit consumériste. Car le fandom est aussi un espace d'amitié et de communication. Il peut également être un porte-voix politique pour des minorités ou des groupes de personnes relevant d'une certaine sous-culture.

Dans le cas des BTS, le caractère minoritaire est inscrit dans leur ADN : le côté *underdog* d'un groupe né au sein d'une petite agence, leur origine asiatique, le côté boys band ont fait que, dès le départ, le fandom se devait d'être sensible aux questions sociales. Le message social que les BTS ont construit autour de leur récit et à travers leurs chansons n'a fait que renforcer cet aspect, ce caractère propre aux ARMY. En fin de compte, ce qui élargit l'identité des ARMY, passant de simples groupes de consommateurs à acteurs sociopolitiques, c'est le message même des BTS, leur histoire – ce que nous appelons leur *récit de croissance* – et leur place dans la société contemporaine.

Le récit de croissance

La discographie de BTS a démarré avec une série de chansons sur l'école, puis une autre sur la jeunesse, avant d'entamer la série *Love Yourself*. Et cette discographie est le reflet quasi exact de l'histoire du groupe, de son évolution musicale et du développement personnel de ses membres. La musique de leurs débuts portait la voix d'adolescents qui dénonçaient la réalité répressive de l'éducation et l'absurdité de notre société, avec des paroles combatives, tranchantes. Durant les six années qui ont suivi, leurs chansons ont abordé tour à tour des thèmes tels que les épreuves auxquelles était confrontée une jeunesse fragile, la quête du véritable soi débarrassé de ses masques, enfin le message de s'aimer tel que l'on est. Autant de sujets majeurs à ces étapes de la vie qu'ils ont franchies les unes après les autres.

Le récit de croissance des BTS ne se limite pas aux chansons dans lesquelles ils ont exprimé les affres de leur jeunesse. Un autre BTS existe, qui se déroule dans un monde alternatif et qui a pour nom « HwaYangYeonHwa » (HYYH). Ces récits, réunis dans un projet baptisé « Bangtan Universe » (BU), ont débuté avec l'album *HwaYangYeonHwa Pt. 1* (« Les plus beaux moments de la vie »), en avril 2015. Dans les clips vidéo accompagnant l'album, chacun des membres endossait les habits d'un personnage fictif au passé sombre : le toxicomane, le suicidaire, le narcoleptique, le pyromane, la brute. C'était une tout autre manière de mettre en scène les errements de la jeunesse, habituellement dépeinte sous des couleurs chatoyantes et sécurisantes. Le clip vidéo d'*Epiphany*, de l'album *Love Yourself 結 : 'Answer'* sorti en 2018, appartient également à l'univers BU conçu à partir des récits *HwaYangYeonHwa*[1]. Le BU ne représente pas une vision du monde linéaire, à travers des récits reconnaissables. Il appartient entièrement au spectateur de reconstituer un tableau complet à partir des

1. Les vidéos faisant partie de Bangtan Universe (BU) sont marquées de « BU content certified by Big Hit Entertainment » dans le générique. Parmi les clips vidéo et les films sortis jusqu'ici, on peut citer : *I Need You, I Need You* (version originale), *I Need You* (version japonaise), *HwaYangYeonHwa On Stage : Prologue, Run, Run* (version japonaise), *Epilogue : Young Forever*, la série de courts-métrages *Wings, Blood, Sweat, Tears, Blood, Sweat, Tears* (version japonaise), *Highlight Reel* de *Love Yourself, Euphoria, Fake Love* et *Epiphany*.

innombrables indices dispersés en fragments inégaux et sans ordre chronologique. Ainsi la publication de chaque nouveau contenu estampillé « BU » déclenche-t-elle une intense agitation au sein du fandom, chacun étudiant, comparant, corrigeant les interprétations des autres. En somme, c'est une intelligence collective mondiale en ligne qui se met en marche. Pour les fans, il s'agit là d'une sorte de jeu. Au lieu de consommer passivement des produits calibrés, ils s'engagent dans un processus de raisonnement interactif où il faut rechercher des indices dans le passé, comparer ces différentes pistes et construire une structure narrative à partir de ces éléments.

Les personnages interprétés par les membres de BTS dans le BU évoluent également avec le temps. Après la période d'insouciance joyeuse des sept amis vient un temps de confusion et de conflits. L'un d'entre eux finit par faire un choix dramatique et se jette dans l'océan. Un autre, témoin impuissant du drame, tente de remonter le temps pour tout recréer comme avant. Les jours passent alors dans une paix artificielle, chacun faisant comme si de rien n'était. Puis un jour ils se réveillent au bruit de « quelque chose qui se brise », comme « le craquement de la glace sur un lac gelé[1] ». Se rendant compte qu'ils vivaient dans une fausse réalité, ils disent : « Je ne sais plus qui j'étais. Demande-le au miroir : qui es-tu enfin[2] ? » Ils font face à leur moi caché derrière le masque. « Sans plus

1. Paroles de *Singularity* in *Love yourself 轉 'Tear'*.
2. Paroles de *Fake Love*, chanson titre de l'album *Love Yourself 轉 'Tear'*.

pouvoir supporter la tempête dans leur âme et saisissant leur vrai visage derrière le masque souriant », ils finissent par comprendre que « celui que je dois aimer, c'est moi-même[1] ». Ce genre de narration n'est pas l'apanage des personnages de BU. Dans l'univers de Bangtan, les personnages traversent d'abord une période faite de tentations et d'angoisses, puis ils pensent avoir trouvé l'amour avant de se rendre compte que ce n'était qu'un jeu de masques. Jusqu'à ce qu'ils trouvent la réponse, qui est de s'aimer tel que l'on est. Or ici, ceux qui grandissent ne sont pas que ces personnages fictifs de BU, mais aussi les membres eux-mêmes de BTS, dans la vie réelle. En effet, l'aspect sans doute le plus fort des BTS, celui qui crée l'identification entre le groupe et ses fans, est ce récit partagé de leur croissance, le fait qu'ils grandissent ensemble et passent par les mêmes moments. Depuis la série *School* de leurs débuts, en passant par une période où ils évoquent la beauté délicate de la jeunesse et les tentations de cet âge (*HwaYangYeonHwa* et *Wings*), jusqu'à la série *Love Yourself*, porteuse de ce message fondamental de « s'aimer soi-même », leurs albums sont autant de récits sur leur parcours depuis l'adolescence jusqu'à l'âge adulte.

Les fans peuvent aussi suivre leurs parcours personnels via d'autres supports et contenus qu'ils ont commencé à publier à l'aurore de leur carrière et qui se sont poursuivis jusqu'à aujourd'hui : *American Hustle Life*, *Bangtan Log*, *Bon Voyage*, *Run BTS*, *V App*

1. Paroles de *Epiphany* dans *Love Yourself 結 : 'Answer'*.

Live, *Bangtan Bomb*, *Burn the Stage*, etc. Représentant un volume gigantesque, ce sont autant de témoignages vibrants de leur traversée de la jeunesse.

Bangtan Log est accessible sur leur blog officiel ou sur YouTube. Il s'agit d'une sorte de journal intime du groupe sous forme de vidéos publiées très régulièrement. Les membres y apparaissent depuis leurs tout débuts, ce sont des visages enfantins qui confient leurs angoisses autant que leur détermination, qui peuvent aussi avouer certains regrets à la fin d'un album. Contrairement aux autres vidéos produites par Big Hit qui montrent aux fans des images joyeuses, lumineuses, dans *Bangtan Log* les membres du groupe semblent se parler à eux-mêmes, laissent voir leur anxiété, tous leurs doutes et, encore et toujours, leur farouche détermination.

Quant à *Bon voyage*, il s'agit presque d'une téléréalité, bâtie sur les voyages du groupe à l'étranger. C'est en général le contenu préféré des fans. Il y transparaît la quasi-alchimie qui rassemble les BTS. Les fans les regardent vivre de nouvelles expériences dans des pays inconnus et se ressourcer en dehors de leurs activités officielles. L'ironie de la chose étant que ces moments de ressourcement se déroulent sous les yeux des caméras et à destination des fans. Puisqu'il est question de voyage, les fans y retrouvent les classiques incidents : passeport perdu, bagage égaré... Ces scènes sont scrutées par les fans dont les radars sont assez sensibles pour capter les plus infimes expressions des visages, les regards les plus fugaces. Au moment où les fans constatent que les BTS, dans ces situations imprévues, embarrassantes, font preuve d'une grande prévenance mutuelle, d'empathie et de compréhension, leur curiosité vire à l'admiration.

Parmi les contenus récents des BTS, il en est un qui illustre bien ce mot-clé de *croissance* : le documentaire publié sur YouTube, *Burn the Stage*. Ce film en huit épisodes retrace la tournée *Wings* de 2017. Il a été publié sur YouTube au mois d'avril 2018, à raison d'un épisode par semaine[1]. Suga et RM ouvraient l'émission avec ces propos :

« Même si dans nos nombreux contenus et vidéos nous donnons l'impression de nous montrer tels que nous sommes, en réalité nous cachons pas mal de choses pour ne pas dévoiler nos faiblesses, dans la mesure du possible.

Je voudrais nous montrer derrière le rideau, plus bruts. Nous sommes “juste des humains”. »

Dans un état « plus brut », il y a encore tout ce qui est mis en ligne sur V App, YouTube et Twitter, et tous les blogs qui eux aussi diffusent une telle quantité de contenus qu'il est impossible de tout visionner. J'avais bien noté que les BTS avaient l'intention de se dévoiler avec la plus grande franchise possible, de dépasser les contenus déjà présents, mais honnêtement je ne me faisais pas trop d'illusions. En tant

1. En novembre de la même année, une version pour le cinéma est sortie simultanément dans le monde entier, sous le titre de *Burn the Stage : The Movie*. Le film a fait plus de 2 millions d'entrées, décrochant le record mondial du plus grand succès au box-office de l'histoire du cinéma événementiel.

que chercheuse dans le domaine du cinéma, je savais pertinemment que le montage pouvait orienter chaque image selon l'intention du diffuseur et je doutais fort que l'agence puisse faire fi de la réaction violente de certains fans qui prendraient pour de la faiblesse l'honnêteté des artistes. Pourtant, après avoir regardé le premier épisode, je dois avouer que j'ai versé ma petite larme. Non que le documentaire soit triste, ni parce que l'émotion me submergeait en tant que fan, mais étrangement à chaque épisode mes larmes coulaient. Qu'y avait-il, dans ce film montrant les coulisses d'une tournée datant de juste un an, qui puisse me rendre aussi triste ? C'est ce que j'ai cherché à comprendre.

Burn the Stage est donc le récit d'une tournée. Nous voyons le concert sur scène, les coulisses, les moments creux entre deux prestations. Ce que fait le groupe durant cette tournée mondiale n'a rien de particulièrement grandiose : ils déballent leur matériel de musique dans leur chambre d'hôtel, répètent les morceaux, visitent des musées, des aquariums, s'achètent des hot-dogs ou vont grappiller quelques moments de répit au bord de la mer. Quand naît un léger différend sur un pas, dans une chorégraphie, ils se réunissent et discutent ensemble, montrant un exemple typique de « résolution de conflit façon BTS ». Chaque épisode contient une séquence de montage en noir et blanc des membres en train de répéter sur scène avant leur représentation. Durant cette répétition, on les voit travailler face aux sièges vides, trempés de sueur ; tantôt ils discutent avec le metteur en scène, sérieux et concentrés, tantôt ils se font de petites blagues. Ce qui a surtout attiré mon attention, ce sont les expressions furtives sur leurs visages quand ils jettent un œil vers la salle. Que ressentent-ils à cet instant, devant ce vide immense, là, au moment de démarrer une tournée mondiale qui sera un triomphe, eux qui ont à peine 20 ans ? La pression, les angoisses générées par la scène, la gratitude envers les fans, difficile d'imaginer toute la complexité de leurs émotions.

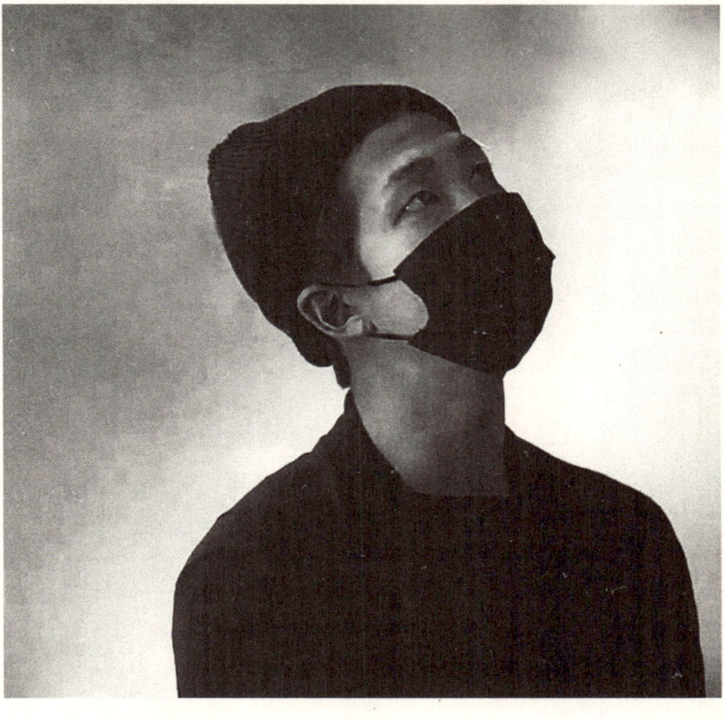

Figure 9. RM fixe les gradins vides pendant la répétition, extrait de *Burn the Stage*.

Les voir debout devant l'auditorium sans spectateurs me rendait soudain nostalgique. C'était comme si j'expérimentais à leur place ce qu'ils ressentiront plus tard, quand ils se pencheront sur leur passé, quand toute la ferveur sera retombée et que les projecteurs seront éteints. La passion, les applaudissements au temps de la gloire, les répétitions insensées, épuisantes, la pression constante et l'accomplissement. Comment dire ? C'était comme si je traversais le temps pour me retrouver à leurs côtés en train de revivre leurs sentiments.

Nous sommes tous mortels. Nous vivons moins de cent ans et un jour nous mourons. Le paradoxe, c'est que cette vie limitée est le moteur qui nous encourage à vivre pleinement chaque jour. La gloire aussi prend fin avec le temps. L'enthousiasme des fans qui tremblent, se réjouissent, souffrent à chaque pas des BTS retombera un jour. Pourtant nous avons tous en tête quelques noms qui sont restés gravés comme les icônes d'une époque, transcendant l'éphémère gloire de leur vivant, tels que les Rolling Stones, Elvis Presley, les Beatles. Seo Tai-ji[1] est sur le même chemin. Et si l'époque le permet, les BTS aussi emprunteront cette voie.

L'univers présenté dans ce documentaire n'est pas tout à fait comparable à d'autres films musicaux fameux. Celui de la tournée des Rolling Stones[2], par exemple, a laissé une empreinte profonde dans l'histoire du documentaire. Ce film qui montre la fièvre incroyable des concerts, un certain chaos en backstage

1. Voir note page 78.
2. *Gimme Shelter*, film réalisé en 1970. (*N.d.T.*)

et les histoires personnelles des membres du groupe est considéré comme un témoignage extraordinaire des années 1960 sur l'époque du « Sex, drugs & rock'n'roll ». Dans ce genre de documentaire musical, la personnalité atypique du groupe ou du chanteur est perçue comme une sorte de signature artistique. Mais *Burn the Stage* est différent. Ce que font les membres du groupe pendant leur temps libre ? Des choses simples. Ils partagent un repas, ils bavardent, ils travaillent, ils jouent aux jeux vidéo et font quelques escapades touristiques. Nous sommes donc très loin des canons habituels d'une certaine mise en scène de l'excentricité de l'artiste. Et pourtant quelque chose transparaît dans cet ordinaire des BTS. Loin des mystifications, ils se montrent tout à leur passion quand il s'agit de repousser sans cesse plus loin leurs limites. Cette ardeur qui les anime vient de leur conscience aiguë que pour être les meilleurs, pour dépasser toujours leurs limites, c'est chaque jour qu'ils doivent avancer. Pour atteindre leur but, leur vie quotidienne est construite sur ces répétitions et ces réflexions. Pour un instant pétillant, un instant de ferveur et de joie, ils consacrent leur journée à leur développement personnel, comme certains hommes de foi.

À la question « Quel genre d'idole voudriez-vous que les BTS deviennent ? », le P-DG de Big Hit, Bang Si-hyuk, a répondu un jour : qu'ils soient ressentis comme des sortes de « héros familiers ». Des héros qui mènent la vie simple des jeunes d'à côté. Mais ce que montre *Burn the Stage* est tout le contraire, avec un quotidien fait de sang, de sueur et de larmes.

L'année 2017 a été celle où leur carrière a fait un bond fantastique. Depuis, les fans observent le temps qui a passé. Ils se remémorent tendrement l'histoire que les BTS ont écrite durant ces jours, avant de se rendre compte que derrière les scènes éclatantes de la gloire, le groupe, engagé avec une sincérité incomparable, vivait un quotidien de lutte et de sacrifice.

Parmi les opinions défavorables qui circulent sur les fandoms, revient souvent la critique selon laquelle l'intérêt des stars est prioritairement porté sur le physique des idoles. Certes, il existe des *visual fans*, ceux qui deviennent fans pour le visage d'un chanteur, pour une apparence, un style, pour une peau parfaite, un corps jeune et souple, des gestes délicats, etc. Certains ont même voulu faire le lien entre la longévité des idoles et leurs attraits physiques. Ce type de fans est également présent parmi les ARMY. Bon nombre de fans le sont devenus après avoir été séduits par des vidéos ou des photographies publiées par des *hommas*[1], qui eux-mêmes montrent un grand intérêt pour l'apparence physique des idoles, leurs tenues, etc. Cependant, j'ai tendance à croire qu'il existe un lien plus profond entre les fans des BTS, qui sont de toutes origines et générations. Un lien qui consiste à considérer les BTS comme « des personnes qui apprennent et grandissent ». Pour les fans adolescents ou dans la vingtaine, ils sont un modèle de camarades quasiment de

1. Abréviation de *home master* désignant un fan qui suit le planning de son artiste pour prendre des photos de haute qualité et qui les publie. Plus l'artiste est populaire, plus le nombre de *hommas* est élevé. Il n'est pas rare qu'un *homma* lui-même devienne une célébrité.

la même génération ; les fans plus âgés, de 30-40 ans, retrouvent en eux une certaine quête de leur jeunesse. En voyant les membres de BTS tels qu'ils sont, imparfaits, doutant d'eux-mêmes, ne cessant jamais d'apprendre ni de progresser, les fans de tous les âges sont touchés par la beauté du processus de leur croissance.

Je rencontre souvent des fans qui me disent : « Quand je vois leur façon de vivre, je me dis que je ne devrais pas continuer à vivre comme je le fais » ou « Ils m'obligent à me secouer, à sortir de mon indolence. Ils me font rêver, me font changer ». Il y a quelque chose dans le récit de croissance des BTS qui, au-delà d'une simple sympathie, pousse les fans à opérer de réels changements dans leur vie. Et ce désir de changement ne se limite pas à la vie personnelle des fans mais s'étend à un changement global de la société, comme s'ils disaient : « Pour que chaque individu soit heureux, la société, c'est-à-dire l'ensemble de tous les individus, doit changer. Alors soyons actifs, tous, pour changer cette société. » C'est à ce moment que le fandom, considéré auparavant comme un simple agent de consommation, devient un agent de transformation sociale.

Culture caritative

Le 5 mai 2018, George Pennacchio, reporter et présentateur de l'émission « Eyewitness News », sur la chaîne américaine ABC7, s'est adressé aux ARMY. Via un tweet, il invitait les fans de BTS à rejoindre la mission de l'Unicef « Force for Change », lancée par les fans de *Star Wars*. Leur mission consistait à propager le hashtag #RoarForChange. Chaque tweet rapporterait un dollar à l'Unicef dans le cadre de la lutte contre la malnutrition infantile.

Fidèles à leur réputation de « rois du hashtag », les ARMY du monde entier, dès la publication de ce défi, se sont empressés de partager #RoarForChange. Au départ, le projet avait été lancé avec l'ambition de réunir un million de dollars en vingt jours. Avec la mobilisation des ARMY, ce sont plus d'un million de tweets qui ont été publiés en moins de cinq heures, atteignant aussitôt l'objectif visé. Stupéfait et admiratif, le présentateur de ABC7 a tweeté : « Les BTS ont bien de la chance d'avoir des fans aussi dévoués. Je vous remercie sincèrement. » Le compte officiel des fans de *Star Wars*, qui organisait la collecte, a également remercié les ARMY pour leur aide incroyablement efficace. Les commentaires postés par les ARMY sous le compte de *Star Wars* avaient quelque chose de touchant. Ils renvoyaient tout le mérite de cette opération aux BTS eux-mêmes, parce que c'était grâce aux BTS qu'ils avaient eu cette envie d'être de meilleures personnes et de rendre le monde meilleur.

Fin 2017, BTS a lancé sa campagne « Love Myself ». L'engagement était colossal : faire don d'une partie de la recette des albums et de la totalité de la recette des produits dérivés durant les deux années à venir. Cette campagne a été menée parallèlement au projet « End Violence » de l'Unicef. Le don réalisé à la fin de l'année 2018 par les BTS et les ARMY – car ces derniers sont déterminés à agir également pour des œuvres caritatives en suivant le modèle de leurs idoles – dans le cadre de « Love Myself » s'est élevé à 1,8 milliard de wons[1]. Pour les anniversaires des membres du groupe ou lors d'autres dates symboliques, tel le jour de création des ARMY, ceux-ci mènent diverses actions dans leurs pays. C'est ainsi que pour l'anniversaire de J-Hope, en février 2019, plus de quarante projets caritatifs ont été conduits de par le monde, tous plus ou moins inspirés par le rappeur lui-même : chirurgie de la fente labiale et rééducation pour « rendre leur sourire » aux enfants, dons de pépinières pour des actions de reboisement, protection des écureuils roux en voie d'extinction, dons à des refuges canins, dons pour des banques alimentaires, bonnets tricotés pour des bébés, etc. Pour le sixième anniversaire des débuts de BTS, les fans étasuniens ont collecté des fonds pour les personnes âgées à mobilité réduite et en difficulté financière en Corée, tandis que les fans russes faisaient une collecte pour un programme de développement créatif destiné aux enfants handicapés vivant en milieu défavorisé. De leur côté, les fans coréens menaient une campagne massive de don du sang.

Les gens me demandent parfois selon quels critères les ARMY décident des causes qu'ils soutiendront. Pour avoir observé de très près leurs actions ces dernières années et participé à certaines d'entre elles, je pense que le critère essentiel est, pour les ARMY, la volonté de redistribuer aux autres le réconfort qu'ils

1. Soit environ 13,5 millions d'euros. (*N.d.T.*)

ont reçu des BTS et l'expérience qu'ils vivent au sein de la communauté ARMY ; rendre le monde meilleur en partageant toute l'énergie positive qu'ils ont reçue. C'est pourquoi ils n'ont pas de champ d'action privilégié, agissant tant auprès d'enfants défavorisés qu'en soutien aux sans-abri.

Par ailleurs, il existe une organisation internationale caritative ARMY qui mène régulièrement des projets d'aide. Il s'agit de Once In An Army (OIAA). Sous le slogan « Big Fandom, Big Difference », cette organisation promeut des campagnes de micro-dons au profit d'ONG locales dans le monde entier. À l'origine de l'OIAA, il y a la proposition d'un fan. Juste après le lancement de la campagne « Love Myself » aux côtés de l'Unicef, un ARMY a suggéré sur Twitter : « Si nous sommes si nombreux dans le monde, ne devrions-nous pas aider les autres et contribuer à changer le monde ? » Un grand nombre d'ARMY ayant relayé ce tweet, ceux qui souhaitaient aller plus loin se sont réunis dans un groupe de discussion. Au terme de leurs échanges, les fans du monde entier, de tous les âges et de situations personnelles toutes différentes, ont pu porter sur les fonts baptismaux l'OIAA, organisme de dons des ARMY.

Depuis sa création, l'OIAA a soutenu diverses organisations caritatives en lançant un projet par mois. Des projets divers et variés : soutien médical aux réfugiés syriens, installation de purificateurs d'eau dans des maisons en Tanzanie, restauration de l'écosystème marin en Indonésie, musicothérapie pour jeunes handicapés en Patagonie, fourniture de produits de première nécessité à des familles en difficulté au Venezuela, programme de formations professionnelles pour des personnes dans le besoin aux Philippines, chirurgie de la fente labiale et soins postopératoires au Pérou... Les causes sont souvent sélectionnées en référence au membre du groupe dont l'anniversaire tombe ce mois-là. Par exemple, les interventions chirurgicales au Pérou se déroulaient durant le mois anniversaire de J-Hope parce que son sourire rayonnant est sa marque au sein des BTS, qui lui a valu le surnom de « Soleil des BTS ».

Il existe toutefois certains principes dans la sélection des associations. Premièrement, soutenir autant de pays possible en évitant de multiplier les actions dans un même pays. Deuxièmement, accepter les micros-dons. La raison réside dans leur nom même : Once In An Army. Le but n'est pas de remettre des dons faramineux mais de permettre à chaque ARMY dans le monde de participer, d'apporter sa part, puisque c'est la réunion de tous qui exercera au final une force puissante. Troisièmement, privilégier les petites associations. C'est ainsi qu'un bénéficiaire de dons a pu relancer un programme de thérapie artistique suspendu en raison de ses frais de fonctionnement. Quand une organisation répond à ces trois critères, l'OIAA examine avec soin ses activités passées et ses rapports financiers. L'OIAA se doit de répondre à la confiance des ARMY en opérant cette sélection rigoureuse de ses récipiendaires. Reprenons l'exemple de la campagne qui s'est déroulée en février 2019 pour l'anniversaire de J-Hope : 437 ARMY de plus de cinquante pays y ont participé, venus des États-Unis, de Corée, du Canada, d'Israël, d'Australie, du Japon… Des pays moins connus, voire des territoires, y ont aussi participé, à l'image de la Géorgie, de la Nouvelle-Calédonie ou de l'île d'Aruba.

Hormis ces dons mensuels, l'OIAA promeut la « bonne influence » dans la vie quotidienne. Sans forcément faire un don à des organismes, sans forcément dépenser de l'argent, les personnes qui le souhaitent peuvent simplement faire rire les gens, faire de bonnes actions. Ces ARMY sont appelés « Anpanarmys[1] », comme pour s'encourager mutuellement à avoir une bonne influence sur le monde. Ces Anpanarmys ont attiré sur eux toute la lumière lors du concert du NY City Field Stadium, en 2018, lorsqu'ils sont venus avec des conserves et des couvertures qu'ils ont distribuées aux sans-abri de la ville. Cette action a été rapportée par MTV et divers médias locaux, suscitant un grand intérêt du public. La communauté coréenne en ligne Bangtan Imodan[2] mène aussi régulièrement des actions sociales. Depuis 2017, elle est membre du réseau de soutien au Centre national pour les droits des enfants, qui élargit les aides tant affectives que financières aux jeunes qui ne bénéficient plus des mesures de protection de l'enfance. Prenant le relais quand la prise en charge institutionnelle s'arrête, elles favorisent l'entrée de ces jeunes dans la société et les

1. Nom tiré de la chanson de BTS *Anpanman*. Anpanman est le super héros le plus faible du monde, qui distribue aux gens des morceaux de son corps fait de pain.

2. « L'escouade des tatas », soit des femmes d'un certain âge qui s'engagent dans le social au nom des BTS.

aident à gagner leur indépendance. Ce genre d'initiatives n'est pas rare dans le monde des fandoms de la K-pop. Ces dernières années ont vu se multiplier les collectes de dons organisées par des fans pour l'anniversaire d'un chanteur et à destination d'ONG, voire des collectes de riz plutôt que des envois de fleurs. Le fandom de Seo Tai-ji, légendaire et révolutionnaire chanteur coréen, a constamment fait des dons à des organismes caritatifs et mené des actions bénévoles. Ils ont ainsi créé un précédent au sein de la culture fandom et ont largement contribué à faire évoluer la perception de la culture populaire dans laquelle s'inscrit la K-pop, et à instituer de nouveaux discours.

Comme il se doit, un certain nombre de détracteurs des fandoms ont fait entendre des voix discordantes. Ils ne voulaient voir dans les activités caritatives des fans, au mieux, qu'une mode passagère, au pire des campagnes publicitaires masquées. Comme chacun le sait, en fin d'année l'Armée du Salut fait son apparition dans les rues. Déposer une pièce dans leur sébile ne semble pas être une affaire si compliquée, mais est-ce le cas ? Voyons, il faut passer par plusieurs étapes : arrêter son pas au son de la cloche, se décider, sortir son portefeuille, retirer de l'argent, se diriger vers l'endroit où bat la cloche, bref, passer par un certain nombre d'étapes qui demandent de surmonter sa timidité ou sa paresse. Chacun d'entre nous peut ressentir de l'empathie pour une cause charitable et souhaiter y participer, mais mettre cette idée en action n'est pas si simple. Et pendant que le processus se déroule, la bonne intention de départ peut s'estomper.

En même temps, tant que la personne ne commence pas ce processus, la bonne intention n'avancera pas d'un pouce. À côté de ceux qui ne donnent rien parce qu'ils mettent en doute les bonnes intentions des participants, les actions des fandoms – quels que soient leurs motifs – ont le mérite d'apporter des aides réelles et largement bénéfiques à nos sociétés. Après avoir participé à la campagne de dons mise en place par BTS, les fans ont lancé leur propre campagne de dons. Ce à quoi les BTS ont répondu par des dons au nom des ARMY. Ces deux dernières années, Suga, à l'occasion de son anniversaire, a fait don de viande de bœuf et de 100 millions de wons (environ 74 000 euros) à 39 orphelinats au nom des ARMY. Les ARMY font des dons au nom des BTS et les BTS répondent en faisant des dons au nom des ARMY : ainsi se forme un cycle vertueux d'actions caritatives.

Les ARMY sont le visage de BTS

Avant un événement rassemblant un grand nombre de fans – un concert, une émission télévisée de fin d'année, une rencontre du groupe avec ses admirateurs –, une annonce circule à intervalles réguliers au sein du fandom. Cette campagne, intitulée « Les ARMY sont le visage de BTS », rappelle l'étiquette propre au fandom (fig. 10). Par exemple, ne pas monter sur les sièges, être poli lors de l'apparition sur scène des autres chanteurs, etc. Cette communication est née au sein du fandom coréen et s'est progressivement propagée à l'ensemble du fandom mondial. Désormais, elle est régulièrement activée en cas d'éventuel besoin ou souci, avec des slogans supplémentaires comme « propager l'esprit positif », « éviter les conflits avec d'autres fandoms » ou « stopper la haine et avancer », etc. Sans aucun doute, de tels rappels à l'étiquette sont dus à l'influence de BTS sur les ARMY. Les ARMY sont encouragés à être, à l'image de leurs idoles, toujours porteurs de valeurs positives.

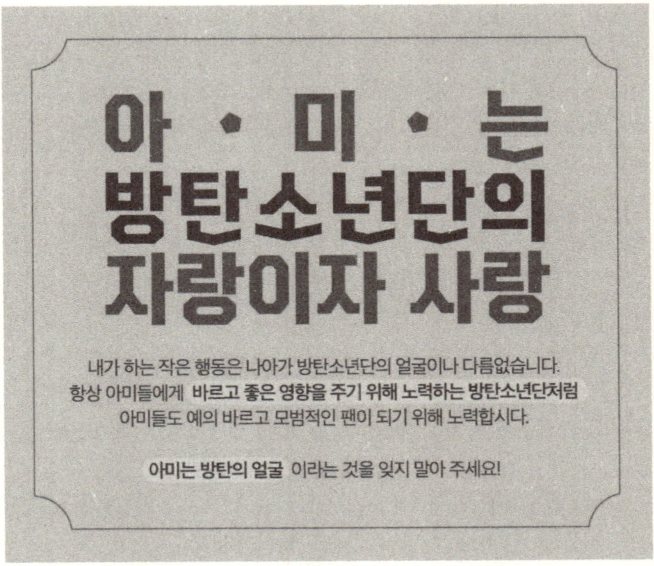

Figure 10. Campagne « Les ARMY sont le visage de BTS ». Titre : « L'ARMY est la fierté et l'amour de BTS. » Texte : « Nos petites actions peuvent représenter le visage de BTS parce que le public les voit à travers nos comportements. Essayons d'être des fans polis et exemplaires à l'image de BTS qui s'efforce toujours d'avoir une bonne et saine influence sur les ARMY. » Slogan de la dernière ligne : « N'oubliez pas que les ARMY sont le visage de BTS ! »

Paradoxalement, cette campagne de communication au sein des fandoms laisse deviner qu'ils ont connu leur lot de conflits internes. À partir de 2015, alors que le groupe prenait de l'importance, des fandoms coréens se sont mis à propager des rumeurs malveillantes sur les BTS, tout simplement dans le but de nuire à leur carrière. Nous en avons déjà parlé. Les ARMY étaient donc constamment sur leurs gardes pour défendre le groupe. Si d'un côté ces nombreuses attaques haineuses ont aidé les ARMY coréens et étrangers à se rapprocher davantage, elles ont aussi poussé des fans à déserter les rangs du fandom, épuisés par ces batailles ou même, pour certains d'entre eux, atteints d'une hypersensibilité parfois préjudiciable à force d'être sur la défensive. Au final, le consensus qui s'est progressivement construit au cours de ces épreuves a été le suivant : il fallait faire parler les résultats et ne plus contre-attaquer à chaque coup reçu. De même que les BTS avaient fait leurs preuves sur le terrain, poursuivant leur chemin en dépit de l'accueil parfois hostile des débuts, de même leur fandom a-t-il décidé de déployer toute son énergie pour renforcer la place de BTS au lieu de s'épuiser en vaines querelles. Dès lors, les ARMY ont cessé d'agir individuellement contre les comptes qui propageaient de fausses nouvelles, mais les ont signalés en groupe, allant jusqu'à les faire bloquer si nécessaire. Dans le monde des fandoms, de gros sujets apparaissent plusieurs fois par jour, entraînant parfois de véritables bouleversements. Dans ces conflits, les adversaires sont de toutes sortes.

Les coups peuvent venir d'une agence concurrente, des médias, d'autres fandoms, voire même de l'intérieur des ARMY. Le fandom, espace extrêmement sensible à toutes les rumeurs, peut s'avérer redoutablement toxique. Avec cette campagne de l'étiquette, les ARMY sont le seul fandom à s'être doté d'un tel mécanisme d'autocorrection.

La campagne « Purple Ribbon Army » est un autre exemple de la capacité des ARMY à dépasser les préjugés habituels propres aux fandoms. Quand en novembre 2017 les BTS arrivent à Los Angeles pour se produire aux American Music Awards, l'aéroport est littéralement envahi par la foule et plongé dans un véritable chaos. Les fans se pressent pour ne serait-ce qu'apercevoir une mèche de cheveux de leurs idoles en criant leur émotion. Les médias américains ont aussitôt comparé l'hystérie de ces fans à la mythique arrivée des Beatles aux États-Unis. Une telle ferveur a sans doute permis d'attirer l'attention de la presse sur BTS, mais la frénésie des fans lors des déplacements du groupe est allée trop loin, partout dans le monde. À l'aéroport d'Incheon (Séoul), les fans se sont tellement agglutinés contre une porte automatique qu'elle a volé en éclats. Un tel comportement pouvait réellement menacer la sécurité de tous, BTS, fans et passants. À l'intérieur du fandom, des voix appelant à la raison ont commencé à se faire entendre.

Quand les BTS sont revenus à Los Angeles en mai 2018, pour une prestation à la cérémonie des Billboard Awards, les membres sont restés bouche bée en découvrant la scène qui les attendait à l'aéroport : des fans munis de rubans violets (la couleur du groupe) les attendaient, dessinant une allée. Ils s'étaient portés volontaires pour former une sorte de mur de protection pour venir en renfort des agents de sécurité et des policiers, afin de contenir les éventuels débordements des fans trop impatients. Interrogés par un média local qui leur demandait ce qui les avait le plus impressionnés depuis leur arrivée aux États-Unis, les BTS ont évoqué ces ARMY aux rubans violets. Le journaliste lui-même s'est avoué stupéfait d'avoir vu des fans protéger leurs idoles au lieu de se précipiter vers eux. Plus tard, cette même organisation des ARMY a été reprise en Corée, sous le nom de « Purple Ribbon Army Project ». Cet épisode a fait de BTS le premier groupe à traverser un aéroport au milieu d'une haie d'honneur de fans se tenant par la main.

D'autres efforts ont également été faits pour améliorer la culture du fandom et enrichir toujours plus la qualité de cette communauté unique. Les fans entretiennent divers groupes sur Twitter : un compte de fans en provenance d'horizons variés dont les tweets sont destinés à favoriser la compréhension et le respect interculturel, et un autre compte de fans psychologues. Ces derniers postent, en diverses langues, des tweets encourageant les lecteurs et donnant des conseils à ceux qui souffrent de dépression ou de manque d'estime de soi. Fin 2018, lorsque la controverse sur le T-shirt a pris de l'ampleur, des fans coréens ont lancé une campagne en faveur d'un établissement accueillant des « femmes de réconfort[1] », accompagnant leurs dons de ce message : « Nous n'oublierons pas. » Autre cas, des fans étrangers, qui avaient découvert les événements de Gwangju[2] grâce aux paroles des BTS et aux explications développées via les comptes de traduction, se sont rendus en Corée pour visiter le cimetière du 18 Mai.

Ainsi, les fans commencent par s'attacher à un artiste avant d'en venir à s'intéresser à la culture et à l'histoire du pays d'où il est issu. Le discours partagé par tous les fans de BTS est simple : les BTS nous ont donné l'envie de devenir meilleurs et nous voulons à notre tour contribuer à rendre le monde meilleur, en redistribuant un peu de ce que nous avons reçu. C'est dire qu'il y a chez eux quelque chose qui dépasse l'idée que l'on se fait *a priori* sur les fans d'idoles. Les ARMY qui veulent devenir meilleurs resteront peut-être le legs le plus précieux que les BTS auront fait à leur époque.

---

1. Expression utilisée au Japon pour désigner les femmes qui ont été réquisitionnées par l'armée d'occupation japonaise pour servir d'esclaves sexuelles. Leur reconnaissance fait l'objet d'un contentieux persistant entre la Corée et le Japon. *(N.d.T.)*

2. Le 18 mai 1980, des étudiants du mouvement de démocratisation de Gwangju sont descendus manifester dans les rues. Le pouvoir en place a envoyé l'armée qui commettra de nombreuses exactions. Le nombre précis de morts demeure encore inconnu ; il serait de plusieurs milliers de jeunes gens.

7

Politique culturelle du fandom

Je croise régulièrement des personnes qui doutent du rôle social et politique du fandom. Être fan, c'est-à-dire s'immerger complètement dans une passion, va naturellement de pair avec une certaine attitude d'exclusion vis-à-vis de tout ce qui n'est pas lié à cette passion. Les gens ont donc tendance à penser qu'un fandom, du fait de cette passion exclusive, ne peut guère avoir d'influence sur la société. Et si un fandom s'associe à un phénomène politique, quel qu'il soit, cette démarche sera le plus souvent perçue comme négative. En fait, l'opinion dominante est que les fans de K-pop sont les otages de l'industrie musicale, qu'ils sont pris dans un système de consommation à outrance qui s'étend à tout ce qui touche à leurs idoles. Prisonniers d'un capitalisme sans scrupules, inconscients d'être les jouets de ce système, dépolitisés par leur consommation effrénée, tels sont les fans de K-pop aux yeux de ceux qui dénigrent largement cette « culture des fandoms » et du divertissement.

Pourtant, le parcours de BTS a ouvert des brèches dans les normes et les pratiques de l'industrie culturelle. *Stricto sensu*, c'est le résultat de ce que les ARMY ont accompli en approuvant et soutenant avec enthousiasme le message porté par BTS. Un boys band ne peut avoir ni profondeur ni pensée ; seuls des musiciens anglophones peuvent faire partie de la culture populaire ; l'homme véritable ne révèle pas ses faiblesses et ne se soucie pas de son apparence ; les idoles ne sont pas capables de parler des questions sociales, voire de leurs propres souffrances psychologiques… Tous ces clichés, toutes ces pétitions de principe ont été jetés à bas avec BTS. Et cela n'a été possible que grâce au soutien des ARMY qui ont approuvé la direction choisie par leurs idoles et les ont soutenues, passionnément. C'est la raison pour laquelle il faut mettre sous le feu des projecteurs les ARMY, en tant qu'élément central du phénomène BTS. Les ARMY sont les fidèles consommateurs des biens matériels produits par BTS et sont également les partisans passionnés de leurs biens immatériels.

Les ARMY affichent une diversité sans précédent sur le plan ethnique, social et générationnel. Par conséquent, il était inévitable que le fandom ARMY se trouve face à un large éventail de discussions, réflexions et négociations, parfois douloureuses, au fur et à mesure de l'assimilation des diverses origines culturelles de leurs membres, avant qu'ils ne composent une identité collective.

Dans la première partie de ce chapitre, j'exposerai la façon dont se mettent en place ces négociations et le type de conflits culturels qui peuvent surgir dans une communauté telle qu'un fandom mondial. Par cette réflexion, je souhaite fournir une étude de cas de la communication culturelle à l'heure de la mondialisation. Dans la seconde partie, j'aborderai le potentiel des ARMY, à la fois groupement de consommateurs mais aussi acteurs révolutionnaires détenant peut-être la clé d'un véritable changement de paradigme culturel. Je tenterai de démontrer comment une adoration aveugle basée sur la consommation est capable de se transformer en une force susceptible de changer les règles de l'industrie musicale, et comment un fandom évolue jusqu'à un stade de conscience de soi et de son rôle politique. J'espère de la sorte rendre visibles les indices naissants d'une politique culturelle des fandoms dans une nouvelle ère.

Fandom et misogynie

Au cours des dernières années, le mouvement #MeToo s'est répandu comme une traînée de poudre dans tous les pays. En Corée aussi le mouvement féministe a gagné en visibilité et les femmes ont porté sur la place publique, notamment via les réseaux, la question de la misogynie, profondément enracinée dans notre conscience collective. La K-pop ne pouvait pas échapper à ce questionnement. Parmi les premières chansons de BTS, certaines ont été critiquées pour avoir reproduit la vision misogyne de la société coréenne. Par exemple *La Guerre des hormones*, qui dépeint les femmes comme de simples objets sexuels :

Les filles sont le plus beau des cadeaux
Impossible de détacher mon regard de leur ventre
Merci d'améliorer mon acuité visuelle !

Idem avec *Miss Right* qui accentue encore les métaphores misogynes coréennes, décrivant les femmes comme intéressées exclusivement par l'argent et le statut social (« Celle qui prend ma main plutôt qu'un sac à main de luxe »). Le clip vidéo d'une de leurs toutes premières chansons, *Boy in Luv*, a été vivement critiqué. On y voit un étudiant suivre partout une de ses camarades en dépit de sa réprobation manifeste. Le clip a alors été accusé de représenter une scène typique de harcèlement sexuel uniquement perçue du point de vue masculin. De fait, ces exemples reflètent la discrimination des femmes et leur représentation dégradée dans l'industrie musicale, qui traduit elle-même une situation présente dans toute la société coréenne. Il en va de même pour le racisme. La scène K-pop en général n'est pas exempte de critiques, même si personne n'intervient publiquement pour aborder ces questions de front avec les fans.

Après tout, il y a encore peu de temps, le mot « misogynie » ne pesait pas grand-chose en Corée. Jusqu'à ces dernières années, ces comportements ancestraux n'étaient même pas présents dans le discours public, ils se pratiquaient tout simplement, étant au mieux considérés comme faisant partie de ces choses absurdes de la vie. C'est aux alentours de 2015 que cette idée a été renversée. La question de la misogynie a fait son entrée dans le débat public, les féministes activistes sur les réseaux s'en sont emparées, notamment celles qui pratiquaient la « mise en miroir », procédé consistant à remplacer le mot *femmes* par *hommes* dans les déclarations discriminatoires, et qui tenaient des discours offensifs. Parallèlement à cette prise de conscience sur les droits des femmes, des voix au sein du fandom des BTS se sont fait entendre, qui mettaient en cause certaines paroles de chansons ou clips vidéo controversés[1]. Plus encore, l'année suivante, un compte « pour faire connaître la misogynie des BTS » a été créé. Certains fans déçus du manque de retours ont quitté le fandom. Enfin, mi-2016, Big Hit a publié un communiqué tout à fait novateur et particulièrement intéressant. C'était la première fois qu'une agence de divertissement répondait officiellement à des accusations de misogynie. C'était donc un texte rare sur la forme ainsi que sur le fond puisque, loin de se contenter de simples excuses présentées au fandom, il faisait face au problème et apportait une réponse forte. En voici un extrait :

« Big Hit Entertainment et les membres de BTS sont profondément désolés pour toutes les personnes et tous les fans qui se sont sentis mal à l'aise du fait de paroles et de contenus publiés sur les réseaux

1. Yoo Ji-yeong (22 décembre 2016), « Si vous ne savez pas, alors apprenez », Fans qui sermonnent leur idole, OhMyStar : http://star.ohmynews.com/NWS_Web/OhmyStar/at_pg.aspx?CNTN_CD=A0002272158

sociaux de BTS. Nous nous appliquerons désormais à prendre en compte ces questions et à considérer vos commentaires pour toutes nos activités créatives futures. [...] Nous avons appris que la création musicale n'est pas exempte de préjugés sociaux ou de comportements erronés, car elle peut être influencée par l'enfance et les expériences personnelles et par ce que la société nous a montré. Nous avons également appris qu'il peut être injuste de définir le rôle ou la valeur des femmes dans la société du point de vue des hommes. »

RM, après s'être livré à une profonde introspection et avoir réfléchi sur ses erreurs passées, a écrit une chanson forte qui est sortie le 1er janvier 2017. Cette chanson a pour titre *Always* et débute ainsi : « Un matin j'ai ouvert les yeux et j'ai souhaité être mort[1]... » Il a expliqué avoir rendu publique cette chanson parce qu'il n'était plus dans le même état moral et psychologique qu'avant. Après quoi il a dévoilé en toute sincérité les pensées qui avaient été les siennes à la suite des attaques venues du fandom et de l'extérieur du fandom lors de la controverse sur la misogynie : il s'était dit que pour devenir une meilleure personne, il devait assumer ce qu'il avait dit et fait, il devait apprendre à écouter les gens et être capable de changer d'avis. Après cela, les membres de BTS ont interrogé des spécialistes du féminisme et ont beaucoup lu sur le sujet. Ils ont aussi sorti

1. Voir note page 43.

21st Century Girl, une chanson qui promeut et encourage la force et l'autonomie des femmes dans une nouvelle ère.

L'aspect particulièrement intéressant de cette série d'événements est que, partant d'une critique extérieure au fandom, c'est au final le fandom qui s'est sérieusement interrogé sur ces questions relatives au féminisme. Dans la culture fandom, les fans défendent inconditionnellement leurs idoles contre toutes critiques et attaques ; il n'était donc pas évident de faire ressortir ces interrogations et encore moins d'exiger des artistes qu'ils réévaluent leurs comportements. Au cours de ce processus, des conflits ont éclaté entre membres des ARMY ; la déclaration officielle elle-même a polarisé les positions, provoquant de nombreuses défections parmi les ARMY.

Penchons-nous toutefois sur un point : sans ce questionnement à l'intérieur du fandom – communauté censée ne jamais remettre en cause ses idoles –, les BTS et Big Hit auraient-ils eu l'occasion de réfléchir par eux-mêmes sur ces sujets pour finalement déclarer qu'« il n'est pas souhaitable de définir le rôle et la valeur des femmes dans la société du point de vue masculin » ? Je pense que non. Le fandom qui les aime et les soutient étant essentiellement composé de femmes, quand elles ont laissé éclater leur colère et se sont exprimées sur la perception erronée des BTS quant à la place des femmes dans la société, il a bien fallu qu'ils les écoutent. Et lorsqu'ils ont enfin proposé une réponse réfléchie et sincère, cela a permis d'enrichir d'autant le récit de croissance des

BTS ; autre exemple d'apprentissage par les erreurs. Ce spectacle rare d'un fandom amenant ses idoles à faire amende honorable a été rendu possible parce que les critiques affectueuses des ARMY ont rencontré la volonté des BTS d'être à leur écoute. En 2019, un certain nombre d'idoles ont été jugées au tribunal pour avoir abusé des femmes, à des fins financières ou sexuelles. Cela montre assez à quel point la relation ARMY/BTS est exemplaire au cœur de la culture fandom de la K-pop.

Le racisme au sein du fandom

C'est un fait bien connu des fans étrangers, le racisme est patent sur la scène K-pop, parfois même jusqu'à l'extrême. Se grimer de noir, adopter une prononciation maladroite ressemblant aux accents des travailleurs du Sud-Est asiatique, tels étaient des ressorts classiques de comédie qui ne provoquaient aucune gêne, ce qui en dit long sur le peu de conscience qu'avait la société coréenne vis-à-vis de la diversité culturelle. Cette ambiance sociale se ressent tout autant dans la K-pop. Le hip-hop a été repris par la K-pop de façon très superficielle, sans la moindre connaissance de ses implications socioculturelles. L'appropriation, sans la moindre réflexion, de signes extérieurs comme les dreadlocks se pratiquait sans vergogne. Les efforts du hip-hop pour dénoncer la répression dont sont victimes certaines communautés étaient transformés en appétence pour les montres de luxe, les voitures rutilantes et les jolies filles. Certaines idoles affichaient même à la télévision leur *black English* comme s'il s'agissait d'un talent particulier. Les fans internationaux ont blâmé d'une seule voix ce genre d'appropriation ou de déviation culturelle par la scène K-pop, qui détournait des caractéristiques culturelles hors contexte et sans réelle connaissance des faits. Pire, des commentaires ouvertement racistes ont pu être entendus : dans une émission pour les fans, en direct, un membre d'un groupe de K-pop a commenté ses lèvres exagérément maquillées en disant : « N'est-ce pas, Kunta Kinté ? » Une remarque qui a rendu furieux des fans étrangers. C'était un acte irrespectueux, sans aucune considération – ni aucune connaissance – de l'histoire douloureuse de l'esclavage africain.

À leurs débuts, les BTS n'étaient guère différents. RM, rappeur, l'anglophone de la bande, se piquait lors d'une émission de parler « l'anglais noir », tandis que d'une manière générale les BTS s'efforçaient d'être des vedettes du hip-hop et utilisaient des marqueurs afro-américains pour percer dans cette voie. Dans des communautés de fans telles que Amino App et Reddit, des critiques et des discussions animées éclatèrent sur le racisme dans la K-pop, y compris chez les BTS. Heureusement, ces derniers ont su entendre ces remarques, se remettre en cause et ne pas répéter leurs erreurs. Au fur et à mesure que le fandom prenait une ampleur internationale, BTS semble avoir trouvé une sorte d'équilibre pour approcher et respecter la diversité culturelle de ses fans.

Pour autant, le racisme anti-Noirs a perduré au sein du fandom, situation qui est devenue évidente lorsque certains fans noirs ont ouvertement fait état des attaques racistes dont ils faisaient l'objet de la part d'autres fans. Leurs témoignages ont révélé que les discours discriminatoires ou les insultes contre les ARMY noirs étaient essentiellement publiés via des applications de messagerie anonyme comme Curious Cat. Les autres ARMY leur ont demandé de ne pas mettre la question sur la place publique, en dépit de leur juste colère, pour ne pas nuire à BTS. La communauté noire, qui tout au long de l'Histoire a enduré la discrimination et l'oppression, fan ou pas fan, ne pouvait accepter d'être invitée à se taire. La situation a encore dégénéré quand des ARMY suprématistes blancs – une problématique récurrente du fandom – ainsi que certains ARMY coréens leur ont envoyé une nouvelle bordée d'injures racistes. Déjà par le passé, des ARMY coréens avaient peu apprécié certaines plaisanteries des ARMY noirs, les trouvant excessives et indécentes ; en effet, les ARMY noirs avaient de leur côté exprimé leur mécontentement face à l'habitude des *hommas* coréens de blanchir[1]

1. En retouchant des photos pour rendre le visage et le corps des membres de BTS plus blancs. Les ARMY noirs parlent de « *whitewashing* », mais dans son sens strict *whitewashing* renvoie à la pratique, dans des films, de reconstitution par des Blancs. Par exemple, attribuer un rôle d'Asiatique à un acteur blanc ou monter un casting exclusivement constitué d'acteurs blancs. Certes, l'idéalisation de la peau blanche dans les pays asiatiques, y compris en Corée, est partiellement due à une sorte d'« aspiration des Blancs » qui circule depuis l'époque de l'impérialisme mais, historiquement, les critères de beauté

les membres de BTS dans leurs publications. Sur ces différends latents, la mauvaise communication n'a fait qu'aggraver les ressentiments, le ton est monté de part et d'autre, les propos racistes ont afflué. Les ARMY noirs ont témoigné de nouvelles insultes venant d'ARMY coréens : « Les BTS détestent les Noirs », « Sortez du fandom », ainsi que des injures banalisant le « N-word ». Ce conflit a fini par être rapporté par un média étranger et s'est alors étalé dans tous les journaux.

La plupart des Coréens ont vécu dans une société très homogène, ils ont peu connu la diversité ethnique et ne sont guère sensibilisés à ces sujets. Cela fait très peu de temps que des questions comme celles du *blackface* ou de l'usage inapproprié d'accents dans des sketchs sont perçues comme des actes agressifs envers ces communautés. Les ARMY coréens ont donc grandi avec cette lacune, ce peu d'expérience de la diversité culturelle. Si jusque-là l'attitude irrespectueuse de certains d'entre eux n'avait pas été soulevée publiquement, c'est sans doute parce que les BTS eux-mêmes sont coréens. Être fan d'un artiste d'une culture différente suppose que vous soyez prêt

---

ont surtout des liens étroits avec le système de classes de chaque civilisation. Si, par le passé, un corps généreux était considéré comme un idéal de beauté, c'est parce qu'une bonne nutrition n'était pas accessible à tout le monde ; et si, de nos jours, le corps élancé est apprécié, c'est parce qu'il montre implicitement qu'on a assez de moyens pour l'entretenir. De même, si la peau bronzée est valorisée dans des sociétés occidentales, c'est parce qu'elle sous-entend la possibilité de profiter de vacances sous le soleil, tandis qu'en Asie la peau blanche est flatteuse parce qu'elle signifie qu'on n'effectue pas un travail physique.

à faire des efforts pour comprendre certaines choses en adoptant le point de vue de l'autre. Il est donc probable que des ARMY internationaux se soient gardés, jusqu'à un certain point, de dénigrer des fans coréens. Critiquer leurs travers culturels aurait pu être interprété comme une attaque frontale des idoles. Néanmoins, dans les communautés de fans à l'étranger, il y avait déjà une longue histoire de débats enflammés sur le racisme global des Coréens, particulièrement leur tendance à considérer que les fans étrangers étaient uniquement des fans blancs, sans prêter aucune attention aux autres communautés. L'ouverture de ce débat a fait exploser tous les non-dits dans un grand déballage.

Quand ceci s'est produit, quand ce racisme est apparu en pleine lumière, j'ai eu le cœur lourd. Aujourd'hui, les choses ont changé. Les ARMY sont le fandom le plus ouvert et le plus diversifié au monde. Et la composition du fandom est le reflet de l'envergure des BTS eux-mêmes. Si nous refusons de dialoguer, si nous ne procédons que par critiques unilatérales dès que les opinions divergent, jamais nous n'arriverons à rassembler en une entité unique tous ces apports différents. Mais je vois l'avenir avec beaucoup d'espoir. Plutôt que de se tourner le dos, les ARMY ont créé des groupes de discussion pour s'écouter et échanger. Ils se trouvaient dans une situation extrêmement tendue, qui aurait pu dégénérer de façon radicale. Mais une autre issue, plus mature, a été choisie. Que cet effort ait abouti ou non, l'attitude d'écoute et d'échanges montre le potentiel énorme de ce fandom.

Ces débats m'ont laissé une profonde impression. Ils m'ont donné à penser que les ARMY, même si tout n'est pas encore parfait, forment une communauté rare qui s'est engagée sur le bon chemin. Dans un monde rempli de haine et de violence, la force véritable réside dans la volonté de faire baisser les tensions, d'essayer de comprendre les raisonnements de l'autre afin de réduire les malentendus. C'est ce qu'ont fait les ARMY. Avec leur choix du dialogue, ils ont montré la force du fandom. À l'heure actuelle, les fans noirs continuent de revendiquer la visibilité qui leur est due à travers des hashtags tels que #BlackOutBTS ou #BlackArmySpeakYourself, accompagnant des photographies de leurs visages.

L'écosystème des fandoms de K-pop et les ARMY

Comme mentionné au tout début de cet ouvrage, la vague coréenne – *hallyu* – s'est élevée vers la fin des années 1990, lorsque les séries télévisées coréennes et les groupes de musique coréens sont arrivés sur le marché chinois. Par la suite, ces séries coréennes, les *dramas*, sont devenues très populaires au Japon, à Taiwan et à Hong Kong. Au milieu des années 2000, via YouTube, la K-pop s'est répandue à grands flots, non seulement en Asie, mais aussi en Amérique du Sud, au Moyen-Orient et dans une partie de l'Europe. Pour citer un fan étranger de K-pop, les vidéos découvertes par hasard sur YouTube étaient « une expérience comme recevoir soudain 120 crayons de couleur alors que je n'en avais jamais utilisé que 8 jusqu'ici ».

L'accueil de la K-pop dans ces pays s'est principalement appuyé sur la popularité des groupes en Corée. En d'autres termes, les clips et la musique des artistes de K-pop qui avaient du succès en Corée étaient plus distribués à l'étranger qui, par là-même, suivait la tendance. Le même rapport s'est appliqué aux agences d'idoles, les trois principales de Corée devenant immédiatement les trois principales sur le marché étranger. Très concrètement, les fans d'une idole de telle agence sont plus ou moins encouragés à devenir fans des nouveaux talents – les *cadet-dol* – de cette même agence. Les fans se font ainsi les partisans de ces méga-agences de l'industrie du divertissement. Les fandoms étrangers de K-pop ont adopté d'autres marqueurs que ceux des fandoms coréens : challenges de vote méthodique, achats massifs d'albums, événements-dédicaces pour les fans, slogans de supporters, culture des *hommas*, etc.

Des études démontrent que la perception des fans étrangers par les fans coréens va de la fascination au dénigrement, soit un éventail extrêmement large. Derrière la fascination pour ces étrangers qui adulent des artistes coréens se dissimule bien entendu un sentiment de fierté nationaliste, très proche du discours économique dominant en Corée qui considère la culture populaire comme un nouveau produit d'exportation, financier et culturel. Les fans coréens ont donc le sentiment d'être l'élite d'un pays exportateur de valeurs et estiment que les activités de leurs idoles doivent se développer autour des fans coréens. Des agences reçoivent ainsi parfois des plaintes de fans coréens disant : « Arrêtez de les envoyer à l'étranger », parce qu'ils estiment que le groupe tourne trop à l'extérieur des frontières et pas assez en Corée alors qu'eux mêmes se considèrent comme prioritaires et entendent faire passer les autres fans au second rang.

Comme de juste, le fandom de BTS montre un visage assez différent. Avant que le groupe atteigne les sommets en Corée, les réseaux sociaux et YouTube avaient drainé des fans étrangers, au-delà du cercle des amateurs de K-pop. Ces nouveaux venus, ignorant la structure hiérarchique établie par l'industrie de la K-pop – les trois agences géantes –, trouvaient incompréhensible que les BTS soient exclus des émissions TV ou dénigrés, voire attaqués, par des fandoms concurrents sous des prétextes futiles. Travaillant côte à côte depuis les premiers temps, partageant ensemble les épreuves et les souffrances de leurs idoles, les fans coréens et étrangers ont construit quelque chose de fusionnel. En 2016, à l'époque où les BTS subissaient les attaques que j'ai évoquées plus haut, ces deux fandoms coopéraient pour protéger leurs idoles, se donnant des surnoms affectueux en témoignage de leur solide amitié. Les fans étrangers appelaient leurs homologues coréens « K-diamonds », parce qu'ils avaient protégé et soutenu les BTS contre les incendies et la mitraille et s'étaient formés ainsi, en endurant les feux les plus intenses, à l'image du diamant.

Généralement, les fans étrangers de K-pop sont des « multis », c'est-à-dire qu'ils aiment et soutiennent de multiples groupes de K-pop. Or, à l'étranger, les fans de BTS n'étaient clairement attachés qu'à BTS, ce qui tranchait avec les usages coréens. Plus encore, les fans étrangers estimaient que BTS n'était pas reconnu autant qu'il aurait dû l'être dans son propre pays, la Corée. Ce faisant, ils décidèrent d'en devenir les zélateurs passionnés. Leur but était simple : aider BTS à émerger sur le marché étranger. Ils se sont fixé des objectifs précis pour faire entrer le groupe dans les grands classements étasuniens, ils ont réalisé des vidéos promotionnelles et des documents publicitaires et nous avons vu la campagne active qu'ils ont menée en direction des radios locales. Bref, ils ont mobilisé tous leurs moyens pour faire accéder leur groupe préféré à une renommée mondiale. Pour exprimer leur gratitude devant un tel dévouement et un tel amour, les fans coréens ont donné à leurs camarades étrangers le surnom de « I-lovelies », mot-valise associant *International* à *lovely*. Cette affection réciproque des ARMY est un cas unique dans la K-pop où les fans des différents pays se soucient habituellement peu les uns des autres. Ce qui aura rapproché les ARMY, ce qui aura lié les fans nationaux et internationaux, c'est encore et toujours d'avoir partagé ces moments difficiles lors des premières années du groupe.

Or, depuis 2018 et la gloire mondiale de BTS, des failles sont apparues entre le fandom coréen et le fandom étranger. Tout a commencé par des plaintes d'ARMY coréens qui se sont multipliées auprès de

Big Hit. Ces fans protestaient, estimant que la balance du groupe penchait plus vers l'extérieur des frontières que vers la Corée. Quand en 2019 a été annoncée la tournée « Speak Yourself », qui ne comptait aucune date nationale, la colère qui couvait a éclaté. Les fans coréens se sont sentis outragés et discriminés. Je dois préciser que tous les fans coréens ne pensaient pas ainsi. Certains, bien qu'éprouvant une certaine tristesse à voir les activités de BTS se réduire dans leur propre pays, acceptaient la situation. Ils soulignaient le fait que, compte tenu du tour pris par sa carrière, il était logique que le groupe déploie sa présence à l'international ; et puis le calendrier et les conditions des salles de concert nationales ne pouvaient non plus rivaliser avec une tournée mondiale des stades.

Mais certains fans continuaient de refuser cet état de fait et menaçaient : « Si ça continue, ils vont perdre tous leurs fans coréens ! » Cette affirmation était une référence à peine voilée aux défections subies par certains groupes qui, par le passé, avaient sans doute négligé leur fandom local au profit d'une carrière internationale mais qui, faute de résultat, avaient perdu sur tous les tableaux. En réalité, le statut de BTS avait atteint une telle popularité de par le monde que le groupe ne courait pas ce risque. Au fond, ce mécontentement n'était que de l'inquiétude, celle de voir la part nationale de l'activité de BTS décroître au profit des implications internationales. Il entrait aussi là-dedans une part de résistance au changement possible dans les relations si étroites que les fans avaient jusqu'à présent tissées avec leurs idoles.

Traditionnellement, les fandoms de K-pop entretiennent un rapport quasi fusionnel avec leurs artistes. C'est d'ailleurs pourquoi les événements tels que les émissions enregistrées en public, les signatures, les rencontres avec les fans, toutes ces choses sont si importantes dans l'industrie de la K-pop. Ce sont autant d'occasions pour les fans de rencontrer « en vrai » leurs stars vénérées, de leur offrir des cadeaux et de faire une belle moisson de photographies et de vidéos. Ces événements permettent de renforcer la relation fan-artiste et de consolider le fandom. D'où la crainte des ARMY de Corée qui voyaient déjà diminuer le nombre de ces moments de partage. Les fans coréens qui avaient été si heureux de ces événements, qui avaient engrangé tant de réconfort lors de ces partages se sentaient par avance frustrés et dépossédés. Pour cette raison, certains d'entre eux ont posté des commentaires aigres, se plaignant de ce que les BTS avaient changé, qu'ils n'étaient plus ce qu'ils avaient été.

Dans les faits, même après l'explosion mondiale du groupe, la fréquence des événements nationaux n'a pas été si réduite que cela. Prenons un exemple : à la sortie de leur single chez SNL, aux États-Unis, les BTS sont revenus en Corée pour assurer plusieurs shows télévisés musicaux et une semaine de dédicaces ouvertes aux fans avant de retourner aux États-Unis et d'entamer leur tournée mondiale. Est-il besoin de préciser que s'ils s'étaient imposé un agenda à ce point épuisant, c'était pour remercier leurs fans coréens qu'ils allaient quitter pour deux longs mois ?

En somme, le mécontentement des fans nationaux était né d'une peur, pas de la réalité.

Ferveur et loyauté sont deux valeurs inhérentes aux fandoms de K-pop, qui ne se retrouvent nulle part ailleurs dans la musique avec une telle intensité. Cette culture puise sa source dans l'intimité entre fans et artistes. Une intimité magnifiée par la gratitude des musiciens, soutenus depuis l'obscurité de leurs débuts jusqu'au succès acquis de haute lutte dans le monde hyper-compétitif de la K-pop. Elle provient également de la camaraderie née de moments difficiles vécus côte à côte. Pourtant, une telle intimité mêlée d'une affection si intense peut se révéler une épée à double tranchant. Certains fans réagissent de façon hypersensible aux moindres détails concernant leurs idoles, une attitude, une expression, sans parler de leur vie privée. Ces sentiments qu'ils ont pour leurs idoles, les fans l'expriment par un désir de contrôle. À l'origine de ces comportements extrêmes on retrouve cette culture tellement spécifique de la K-pop, où la frontière entre l'artiste et ses fans est si étroite.

Dans ce monde, les idoles sont immédiatement vilipendées dès qu'elles osent dépasser les limites autorisées par les fans, ou tout simplement si leur comportement n'est pas ou plus du goût de ceux-ci. Dans la version positive, cela peut offrir aux idoles des occasions de réfléchir à ce qu'elles font, voire de se remettre en cause. Dans la version négative, cela peut forcer à l'autocensure ou au choix d'une attitude défensive visant à masquer ses véritables sentiments. La pression est énorme, il faut sans cesse afficher une apparence rayonnante et énergique, ne laisser paraître ni angoisse ni aucune des faiblesses que chaque humain recèle pourtant en son for intérieur. Dans une piste de sketch de l'album *Love Yourself* 承 *: 'Her'*, les membres de BTS discutent de l'écart entre leur moi et leur moi en tant qu'idoles. Le poids de l'attention qui pèse sur eux, favorable ou hostile, demeure un joug lourd à porter. Néanmoins, dents serrées, ils s'efforcent d'ajuster leur vie entière sur ce que les fans attendent d'eux. Pour qu'une relation soit saine, il faut garder une certaine distance mentale les uns envers les autres. L'estime de soi ne peut se développer qu'en prenant le temps de la réflexion, en pensant de manière indépendante et en l'absence de toute influence émotionnelle externe.

Tout à leur nouveau statut, les BTS semblent relever le défi de bâtir une nouvelle relation avec les fans qui les ont accompagnés du début jusqu'à aujourd'hui. C'est une question qui n'a rien à voir avec le fait de privilégier la scène nationale ou internationale. Le projet Armypedia, archivage mondial des souvenirs de tous les ARMY, est un bon exemple de la volonté du groupe de mettre les ARMY au centre du phénomène BTS, d'en faire son essence même. Quand, dans leur album *Map of the Soul : Persona*, les BTS appellent leurs fans leur *persona*, leur moi social, c'est clairement dans le même ordre d'idée. Dans cette relation, l'accent ne saurait être mis que sur le groupe. En soulignant l'existence des ARMY et en leur attribuant une valeur indépendante, les BTS cherchent à se hisser main dans la main avec les ARMY, vers une relation plus mature entre artistes et fans.

Forts d'une popularité inégalée dans un courant majeur de l'industrie musicale, porteurs d'un impact socioculturel, les BTS et les ARMY avancent vers une aire inconnue que personne d'autre n'a encore explorée. La croissance entraîne immanquablement des changements. Il est crucial de distinguer les bouleversements dus à une évolution naturelle et la perte de ce qui fait l'essence de la relation BTS/ARMY. La force inouïe qui a créé le phénomène BTS/ARMY vient de leurs efforts pour croître continuellement en surmontant la nature exclusive de la K-pop. Et ce sont les ARMY qui ont créé ce phénomène. Sans doute ces derniers ne doivent-ils pas oublier qu'ils sont une icône de croissance et d'évolution, au même rang que les BTS.

Fandom, nouvelle force dans l'industrie musicale

Un article paru dans le *New York Times* et intitulé « How a New Kind of Pop Star Stormed 2018[1] » analyse que la musique populaire s'est transformée en pop 2.0. Les réseaux sociaux et YouTube ont imposé un « nouvel ordre musical ». Cette nouvelle forme est une musique hybride, qui déconstruit les

1. J. Caramania, « How a New Kind of Pop Star Stormed 2018 », *New York Times*, 20 décembre 2018 : https://www.nytimes.com/interactive/2018/12/20/arts/music/new-pop-music.html

catégories de genre existantes. Ainsi, le hip-hop domine le streaming tandis que la musique latino et la K-pop ne sont plus des sous-genres. Quant à l'avenir de la musique populaire, l'article signale, entre autres, que BTS a su conquérir des fans étasuniens avec des chansons en coréen, ce qui contraste fortement avec la musique latino qui séduit une majorité de la population hispanophone des États-Unis.

Forbes Magazine développe le concept de « Post-West[1] ». Sur les 7,7 milliards d'habitants de notre planète, la population totale de l'Amérique du Nord et de l'Europe ne représente que 1,1 milliard. En Asie, ce sont 4,4 milliards de personnes qui utilisent au quotidien un smartphone et vivent dans l'aisance. L'article est quelque peu sceptique quant à savoir si ces jeunes Asiatiques vont continuer longtemps à écouter de la musique américaine. « Pourquoi écouteraient-ils la nôtre ? Ils ont leur propre musique. » Puis l'article mentionne BTS comme un exemple de ce qui correspondrait mieux à leur goût. Ceci illustre la façon dont des journalistes leaders d'opinions de l'industrie mondiale de la musique prédisent un changement radical du marché occidental. Chaque fois qu'ils s'interrogent sur la persistance de l'hégémonie occidentale sur le marché mondial du disque, ils se réfèrent à BTS et aux ARMY.

1. O. Lunny, « You Are Probably Going To Be Replaced. Digital Music Pioneer Issues A Stark Warning For The Industry », *Forbes*, 28 janvier 2019 : https://www.forbes.com/sites/oisinlunny/2019/01/28/youre-probably-going-to-be-replaced-digital-music-pioneer-issues-a-stark-warning-for-the-industry/#3ac66fa87b58

L'influence considérable que BTS exerce actuellement sur l'industrie musicale laisse entrevoir quelle direction peut prendre ce « Post-West ». Justement, un exemple illustre bien l'influence de BTS. L'album *Map of the Soul : Persona*, sorti en avril 2019, a pris d'emblée la première place des ventes d'albums aux États-Unis et au Royaume-Uni. Par ailleurs, il se hissait à la cinquième place en France et en Italie, pays où l'entrée dans le Top 10 est rare pour un album en langue étrangère autre que l'anglais. Ce n'est pas tout. En Allemagne, l'accès est réputé encore plus difficile pour les musiciens étrangers, y compris pour les stars américaines populaires dans le monde entier : *The Greatest Showman*, album le plus vendu au monde en 2018, ne s'est hissé qu'à la cinquième place ; Drake, artiste de l'année 2018, est resté à la septième place. Dans ce classement quasi impénétrable, les BTS ont conquis la troisième place du podium, sans la moindre promotion locale, uniquement grâce aux fans allemands. En dehors de ces pays, l'album est arrivé troisième en Écosse, en Nouvelle-Zélande, en Australie, au Canada, en Suède, aux Pays-Bas, en Belgique, en Finlande et en Norvège, preuve s'il en était besoin que l'influence des BTS ne se limite pas à une poignée de contrées. Même le Forum économique mondial, qui n'a guère à voir avec l'industrie du disque, a cité BTS en exemple de la nouvelle mondialisation. Le poids de BTS sur le marché mondial révèle un fait déterminant : les fandoms sont en train de bousculer les paradigmes du disque dans le monde entier.

« Le fandom ne cherche plus dans les médias habituels les contenus et les informations sur son artiste préféré. Ceux-ci sont diffusés via Twitter avant même de s'afficher sur les pages d'accueil des sites officiels[1]. »

Cette citation d'un article sur l'avenir de la K-pop a été publiée par le magazine en ligne spécialisé dans la pop coréenne, IZE. Et de fait, il est vrai que les médias conventionnels ont au mieux une demi-journée de retard sur les tweets, si ce n'est une journée complète. D'ailleurs, de nombreux journalistes s'en remettent à Twitter et aux communautés du divertissement pour recueillir des informations ayant fuité des fandoms. En matière de rapidité de l'information, les médias traditionnels sont à la traîne, loin derrière les réseaux sociaux et ce, depuis longtemps déjà ; un fait qui se vérifie tant pour le divertissement que pour tous les domaines de la société.

L'interface des réseaux sociaux offre la possibilité d'interactions. Cette différence structurelle entre réseaux et médias traditionnels pénalise définitivement ces derniers. D'un autre côté, les réseaux sociaux se distinguent par une absence de crédibilité de l'information, les fake news y étant aussi nombreuses que rapides à se propager. Ceci dit, il y a un assez large consensus pour dire que ce défaut n'est somme tout pas plus grave que la méfiance du public

1. Kang, M., « Big Hit Entertainment – La nouvelle génération qui apporte un certain avenir à la K-pop », IZE, 5 mars 2019 : https://www.ize.co.kr/articleView.html?no=2019030508197293820&page=2

à l'égard du *gatekeeping* des anciens médias. C'est ainsi, les fandoms ont changé de source d'information. Si les médias traditionnels ont gardé un certain espace, c'est celui de rester une référence : ils sont utilisés pour vérifier l'authenticité des informations déjà connues, ou en tant que relais de promotion.

Défenseurs officieux de BTS, les ARMY n'ont pas toujours entretenu les meilleures relations avec les médias classiques. À certains égards, ils les ont plus souvent combattus. Avec l'entrée dans l'ère des réseaux sociaux, les mass media conventionnels n'avaient pas d'autre choix que de concentrer leurs ressources sur un seul objectif : diffuser sur les ordinateurs et les smartphones, qui agissaient comme des *passerelles* en ligne. Telle est la réalité des médias coréens aujourd'hui : des portails comme Naver ou Daum, disposant de moyens colossaux, sont devenus les nouvelles fabriques de l'opinion. Par conséquent, les fandoms scrutent à la loupe les articles que ces sites publient sur leurs artistes préférés, à quelle fréquence et pour quelle durée d'affichage. Afin de pousser le plus d'articles possibles sur la stratégique page d'accueil, les fans font augmenter le trafic sur l'article, les « aiment » et laissent des commentaires. Or, par rapport à l'importance de BTS, les articles concernant le groupe sont relativement rares.

Ce déséquilibre peut s'expliquer par plusieurs facteurs. D'une part, la ghettoïsation des divertissements sur ces portails. L'annonce que les BTS ont vendu en 90 minutes toutes les places pour le concert du stade de Wembley – Terre sainte de la scène britannique – et qu'ils ont dû ajouter une nouvelle date en catastrophe passera après telle affaire de cœur d'une célébrité quelconque ou après le résumé du *drama* de la veille. Il est difficile de savoir si c'est à cause du *gatekeeping*, qui définit une nouvelle échelle des valeurs en fonction du potentiel de commérage porté par une « information », ou si ce sont les lecteurs lambda qui génèrent beaucoup plus de trafic en consommant des articles légers. Toujours est-il que la rubrique Divertissement de ces portails est un fourre-tout où n'importe quel potin de la culture populaire sera traité au même niveau que la première place au classement du Billboard. Oui, de fait, la ghettoïsation de cette section est à ce point calamiteuse.

Second facteur pouvant expliquer le relatif mauvais traitement de BTS, le lien étroit entre les portails, les agences de divertissement et les diffuseurs. À voir comment les portails remplissent leur page d'accueil avec les résumés bas de gamme des séries télévisées diffusées la veille, tout un chacun pourra deviner que les sociétés de diffusion ont externalisé leur promotion vers les portails. Des nouvelles de telle star de telle agence placardées sur la page principale de tel portail ? À tort ou à raison, les fans murmureront que ce portail est actionnaire de cette agence. Et ceci explique probablement pourquoi de nombreux commentaires postés par des ARMY sous les articles consacrés à BTS sont des récriminations face au nombre injuste d'articles consacrés par le portail à leurs idoles.

Beaucoup de fans ayant rejoint les ARMY après avoir fait une recherche sur BTS, suite à l'annonce de son succès en Amérique, citent comme événement déclencheur la cérémonie des American Music Awards de novembre 2017. Pourtant, le premier point majeur marqué par BTS sur le marché occidental a été les Billboard Awards en mai 2017, six mois plus tôt. Mais alors que BTS était le premier groupe coréen à remporter une aussi prestigieuse récompense, le grand public coréen n'en a pas été informé : moi-même, qui parcours régulièrement les actualités du divertissement pour suivre et essayer de comprendre ce qui s'y passe, je n'ai appris cette nouvelle qu'à la toute fin de 2017, après avoir rejoint les ARMY. Si vous faites une recherche à partir de mots-clés, vous trouverez des articles qui ont relaté ce succès car, en réalité, la raison pour laquelle le public n'en a rien su, c'est le *gatekeeping* de la page d'accueil des portails.

Si ces portails ont souvent subi les foudres des fans pour leur traitement injuste de BTS dans leur pays, c'est la radio qui détient la palme du média étranger ayant connu le plus de conflits avec les ARMY. Un des DJ de Capital FM au Royaume-Uni ayant qualifié la musique de BTS de « bruit » a dû publier des excuses à la suite d'accusations de racisme. « Most Requested Live » (MRL), émission de radio étasunienne, a posté sur les réseaux sociaux une interview vidéo de BTS, « Ask Anything », puis a remplacé les réponses des membres du groupe par des dialogues tirés d'un dessin animé japonais, en échangeant moult plaisanteries. Ils ont évidemment déchaîné la fureur des ARMY.

2017, juste avant que le marché américain ne fasse un pont d'or à BTS, les questions le plus souvent posées aux membres du groupe là-bas étaient : « Quel est votre acteur hollywoodien préféré ? », « Avec quel artiste américain aimeriez-vous collaborer ? », « Quel plat préférez-vous dans la cuisine US ? » Au début, les fans étaient ravis que leur groupe soit interviewé par les médias étasuniens, mais assez vite ils se sont lassés de ces questions répétitives et de l'absence de toute question ayant trait à leur musique. À l'évidence, les médias abordaient BTS comme une mode fugace venue d'Asie qui rendait folles les adolescentes.

Quand le succès mondial est arrivé, en 2018, il n'était plus possible de traiter le groupe avec la même légèreté. Les fans ont commencé à presser les journalistes de poser de « bonnes questions ». Ceux qui se sont mis à hausser le niveau de leurs interviews se sont vus comblés par la gratitude du fandom, les autres au contraire étaient agonis de critiques sévères. Parvenus à ce point, certains médias ont décidé de consulter le fandom à l'avance, pour recueillir les questions à poser. Au tout début, en position de faiblesse, les fans étaient prêts à tout accepter pour que circule le nom de leurs idoles, que ce soit dans la presse ou via d'autres artistes. À présent, ils évaluent sans pitié le traitement de BTS dans tel ou tel média et sont prêts à dégainer le boycott s'ils estiment que leurs stars n'ont pas été assez mises en valeur. Les articles qui font montre de recherches sérieuses et appropriées verront leur trafic exploser, *a contrario* les médias ou papiers qui ne seront pas jugés à la hauteur seront remis en cause. Ce que nous observons ici, c'est une nouvelle relation médias/fandom, qui s'aligne sur le changement de statut de l'artiste. Les médias sociaux sont l'habitat naturel des fans qui vivent dans cette nouvelle ère. Parfaitement à l'aise dans ce monde, les fandoms ne font pas une confiance inconditionnelle aux *gatekeepers*. Ils peuvent cohabiter si leurs intérêts s'accordent mais, au besoin, ils pourront lutter d'égal à égal sur le champ de bataille du discours, en s'appuyant sur la force collective du fandom.

Ce fandom qui contrôle les classements grâce à son pouvoir d'achat et à la domination du streaming. Ce fandom qui détient bien plus d'informations et qui connaît mieux le contexte où évolue son groupe que les médias en place. Ce fandom qui peut même faire la leçon aux journalistes sur ce qu'il faut savoir des artistes. La réorganisation des relations entre médias et fandom explique amplement en quoi les BTS sont de purs représentants de la « Pop 2.0 » et de la « Pop-West ». La puissance de frappe du fandom a hissé celui-ci au rang d'acteur et non plus de consommateur passif. Cela n'est pas sans rappeler la déclaration de l'art d'avant-garde, il y a plus de cent ans. Refusant que la valeur artistique des œuvres dépende de l'autorité des critiques, les artistes ont réclamé qu'elle revienne à l'interprétation et à l'évaluation du public. Dans ce combat « d'avant-garde » du XXIe siècle, au sein de l'industrie du disque, les ARMY ont succédé à Duchamp.

Citoyen ARMY à l'ère néolibérale

Paysage 1

Si vous cliquez sur le hashtag #BTSisNotYourAverageBoyBand sur Twitter (« BTS n'est pas votre boys band habituel »), vous ouvrirez un monde de témoignages pressants de fans qui expliquent comment la musique de BTS a changé leur vie, comment elle les a sauvés. Un adolescent en manque d'estime de soi, une femme au foyer souffrant de dépression, un malade qui avait perdu l'espoir, une femme qui ne parvenait pas à mettre fin à une relation toxique avec son partenaire, etc. Pour eux tous, les BTS et leur musique ne sont pas de simples réconforts mais possèdent une telle force qu'ils les appellent « la seule lumière trouvée au fond du désespoir ».

Paysage 2

Le 11 mars 2019, lors d'une manifestation contre la tentative de Bouteflika de se maintenir à la tête de l'Algérie, une pancarte est apparue clamant : « *All the underdogs in the world / A day may come when we lose / But it is not today / Today we fight* » (« À tous les outsiders du monde / Un jour viendra où nous perdrons / Mais pas aujourd'hui / Aujourd'hui nous nous battons »). Ces mots sur une pancarte brandie par un Algérien, ce sont les paroles de *Not*

Today, chanson de BTS (fig. 11). Le 29 mars de cette même année, lors d'une manifestation pour l'environnement et la protection de la planète à Brandebourg, en Allemagne, c'est le nom de Kim Nam-joon que portait bien haut un manifestant.

Figure 11. Paroles de *Not Today* de BTS apparues lors d'une manifestation en Algérie.

Zygmunt Bauman, sociologue polonais, définit notre temps comme celui d'une ère nouvelle dominée par la liquidité. Il affirme que dans cette ère de liquidité, les liens, la solidarité mutuelle, tout cela n'existe plus. L'incertitude existentielle et l'anxiété ont créé une nouvelle angoisse pour la sécurité qui rend impossibles les liens des humains les uns envers les autres. L'accélération néolibérale qui s'est emparée du monde depuis les années 1980 a ajouté cette angoisse existentielle au fardeau de la polarisation économique. La puissance du marché, la baisse d'influence des États font la joie du néolibéralisme ; et les mesures sociales qui tendent à préserver un minimum de sécurité pour les plus faibles sont battues en brèche et dénoncées comme une politique de bien-être sélectif. Au début de ce nouveau siècle dominé par le capitalisme néolibéral, une vague de catastrophes naturelles, des attaques terroristes et une croissance économique en recul ont provoqué un sentiment de désastre imminent chez les citoyens. Le slogan « Chacun pour soi » flotte au-dessus de nos têtes, comme un spectre qui chuchoterait que rien dans le monde ne viendra à notre secours et que nous n'avons d'autre choix que de nous sauver par nous-mêmes. Selon Slavoj Žižek, les citoyens de notre siècle vivent sous le coup d'un traumatisme émotionnel permanent dû au poids des réalités sociopolitiques. Il n'est qu'à voir l'augmentation du nombre de personnes souffrant de dépression chronique ou de pensées suicidaires dans toutes les tranches d'âge. Le nihilisme cynique coexiste avec une certaine indulgence pour les plaisirs extrêmes. Les individus sont atomisés, dispersés loin les uns des autres. Le monde est en ruine et nous avons beau regarder en tous sens, il n'est nul endroit où s'abriter.

Bien entendu, les ARMY sont eux aussi des individus pétris d'angoisses et plongés dans leur époque. Ils affrontent maintes sources de malheur : inadaptation à la société, harcèlement à l'école, angoisses professionnelles, pression d'une société ultra-compétitive, méfiance à l'égard du politique, perte de confiance dans les relations personnelles, etc. Ces personnes témoignent toutes d'avoir versé des larmes en entendant le message de BTS, « s'accepter soi-même et s'aimer soi-même, tel que l'on est », et elles disent que cela les a sauvées. Dans cette société de compétition permanente où l'accent est mis sur l'efficacité et le soi entrepreneurial, les BTS entonnent fièrement cette chanson :

Ce n'est pas grave de s'arrêter
Cesse de courir sans savoir où tu vas
Ce n'est pas grave de ne pas avoir de rêve
Tout l'air que tu expires est déjà paradisiaque

L'existence de BTS soulage ceux qui sont accroupis dans la peur et leur donne le sentiment que, pour une raison quelconque, ils peuvent tendre la main en retour. Tout comme Valonea en a témoigné, après avoir assisté au concert de BTS avec sa sœur : « Ce que j'ai vu, entendu, ressenti durant ce concert était révélateur du pouvoir que possède réellement le concept intangible d'amour. » Une des notions qui se retrouvent chez presque tous les fans, c'est que rejoindre le fandom est comme entrer dans une communauté immense et inexplicable. Nezariel Scott souffrait de dépression depuis l'enfance. Souvent elle faisait semblant d'être heureuse, pour être comme tout le monde. Jusqu'à sa découverte de BTS et des ARMY : « Le simple fait d'appartenir à leur fandom est quelque chose de si grand que je ne peux l'exprimer avec des mots. » Elle ajoute : « Les BTS ne me guériront pas de ma dépression, mais le fait de les aimer m'aide à vivre[1]. » C'est ce sentiment de camaraderie, le fait de savoir que d'autres ARMY endurent comme elle l'angoisse et la dépression en cette époque si rude où les liens se délitent, c'est aussi la consolation transmise par les BTS qui lui donnent le courage d'aller de l'avant.

Ce n'est pas grave si tu ne vis pas comme ça
Tu es bien comme tu es

Souvent des fans disent qu'ils ont la chance d'avoir connu les BTS au moment où ils en avaient le plus besoin dans leur vie. La musique des BTS est née à la lisière de la K-pop, terrain industrialisé du capitalisme, mais la façon dont ils interagissent avec le monde sert de repère pour les fans. Ils trouvent auprès de leur groupe comment mettre de côté les

1. Scott, N., « BTS Won't Cure My Depression, But Loving Them Helps Me Cope », Flare, 27 décembre 2018 : https://www.flare.com/celebrity/k-pop-mental-health/

pensées les plus pessimistes pour rêver un peu plus fort et plus longtemps. À une époque où vivre la journée d'aujourd'hui est devenu la tâche la plus difficile, la « consolation sincère » et la « réaction émotionnelle » qui touchent vraiment sont celles qui rendent possible la révolution quotidienne des citoyens de l'ère néolibérale, à savoir : vivre une journée de plus sans mourir ni baisser les bras. Et c'est loin d'être banal.

Peut-être attendions-nous depuis longtemps de tels artistes, nos proches, sans même nous en rendre compte. Ces héros qui ressemblent à nos voisins, infiniment simples et ouverts, mais qui possèdent une force telle qu'ils transcendent la langue, les origines, et font vaciller le mur du capitalisme. Les héros de l'ère néolibérale n'ont plus besoin de la cape de Superman, leur pouvoir vient de l'étincelle qui brille dans les yeux de chaque fan.

Références

Bauman, Z. (2000), *Liquid Modernity*, Polity Press, [(trad.) 이일수 옮김 (2009), 『액체근대』, 강].

Bauman, Z. (2003), *Liquid Love : On the Frailty of Human Bonds*, Polity Press, [(trad.) 권태주·조형준 옮김 (2013), 『리퀴드 러브』, 새물결].

Bourdieu, P. et Nice, R. (1987), *Distinction A Social Critique of the Judgement of Taste*, Harvard University Press, [(trad.) 최종철 옮김 (2005), 『구별짓기, 새물결].

Jenkins, H. (2006), *Fans, Bloggers, and Gamers*, New York University Press, [(trad.) 장현진 옮김 (2008), 『팬, 블로거, 게이머』. 비즈앤비즈].

Slavoj Žižek (2010), *Living in the End Times*, Verso, 손희정 (2017), 『페미니즘 리부트』, 나무연필 [Son, H. (2017), *Feminism Reboot*, Namu Yŏnp'il].

조한혜정 (2003), 『한류와 아시아의 대중문화』, 연세대학교 출판부, [Cho Han, H. (2003), *The Korean Wave and Asian Pop Culture*, Yonsei University Press].

Discographie de BTS

Albums et EP coréens

2013
2 Cool 4 Skool
O!RUL8,2?

2014
Skool Luv Affair
Skool Luv Affair Special Addition
Dark & Wild

2015
The Most Beautiful Moment in Life Part. 1
The Most Beautiful Moment in Life Part. 2
The Most Beautiful Moment in Life : Young Forever

2016
Wings

2017
You Never Walk Alone
Love Yourself : Her

2018
Love Yourself : Tear
Love Yourself : Answer

2019
Map of the Soul : Persona

2020
Map of the Soul : 7
BE (Deluxe Edition)

2021
Butter

Dynamite (et remix)

2019
BTS World OST

2020
Dynamite (DayTime Version)
Dynamite (NightTime Version)
Dynamite (Holiday Remix)
BTS World OST

Table

Matin Calme, c'est aussi des polars…

2020

Sang chaud de Kim Un-su
Traduit par Kyungran Choi et Lise Charrin

Bonne nuit maman de Seo Mi-ae
Traduit par Kwon Jihyun et Rémi Delmas

Le Portrait de la Traviata de Do Jinki
Traduit par Kyungran Choi et Delphine Bourgoin

Carnets d'enquête d'un Beau Gosse nécromant
de Jung Jaehan
Traduit par Han Yumi et Hervé Péjaudier

Le Jour du chien noir de Song Si-woo
Traduit par Lee Hyonhee et Isabelle Ribadeau Dumas

Séoul Copycat de Lee Jong-kwan
Traduit par Koo Moduk et Claude Murcia

Parle-moi de ton crime de Ban Si-yeon
Traduit par Patrick Maurus et Marion Gilbert

2021

Été, quelque part, des cadavres de Park Yeon-seon
Traduit par Lim Yeong-hee et Mathilde Colo

L'Île des chamanes de Kim Jay
Traduit par Choe Ae-young et Jean Bellemin-Noël

Le Placard de Kim Un-su
Traduit par Kyungran Choi et Pierre Bisiou

Insectes de Minhye Zang
Traduit par Kwon Jihyun et Rémi Delmas

jetaime_Riah de Park Seo-lyeon
Traduit par Kyungran Choi et Delphine Bourgoin

Le Procès des otages de Park Eun-woo
Traduit par Son Mihae et Jean-Pierre Zubiate

Point de fuite de Hee-jai Kim
Traduit par Lee Hyonhee et Isabelle Ribadeau Dumas

Le Film volé de You Sun-dong
Traduit par Han Yumi et Hervé Péjaudier

Chut, c'est un secret de Seo Mi-ae
Traduit par Kwon Jihyun et Rémi Delmas

Les 4 enquêtrices de la supérette Gwangseon
de Jeon Gunwoo
Traduit par Kyungran Choi et Bessora

Cet ouvrage a été composé par Nord Compo à Villeneuve-d'Ascq
et achevé d'imprimer en juillet 2021
par Corlet Imprimeur à Condé-en-Normandie
pour le compte de Matin Calme éditions.
Dépôt légal : août 2021 – N° d'édition : 01 – N° d'impression : 21060125
Imprimé en France

ARMY
ING